打造幼儿园
魅力班级的64个策略

莫源秋　韦凌云◎等著

中国轻工业出版社

图书在版编目（CIP）数据

打造幼儿园魅力班级的64个策略/莫源秋等著.—北京：中国轻工业出版社，2014.2（2024.1重印）
ISBN 978-7-5019-9556-1

Ⅰ.①打… Ⅱ.①莫… Ⅲ.①幼儿园－班级－学校管理 Ⅳ.①G617

中国版本图书馆CIP数据核字（2013）第277958号

保留所有权利。非经中国轻工业出版社"万千教育"书面授权，任何人不得以任何方式（包括但不限于电子、机械、手工或其他尚未被发明或应用的技术手段）复印、拍照、扫描、录音、朗读、存储、发表本书中任何部分或本书全部内容，以及其他附带的所有资料（包括但不限于光盘、音频、视频等）。中国轻工业出版社"万千教育"未授权任何机构提供源自本书内容的电子文件阅览、收听或下载服务。如有此类非法行为，查实必究。

责任编辑：吴　红　　　责任终审：杜文勇
策划编辑：吴　红　　　责任校对：刘志颖　　　责任监印：吴维斌

出版发行：中国轻工业出版社（北京鲁谷东街5号，邮编：100040）
印　　刷：三河市鑫金马印装有限公司
经　　销：各地新华书店
版　　次：2024年1月第1版第11次印刷
开　　本：710×1000　1/16　印张：14
字　　数：103千字
印　　数：30001—32000
书　　号：ISBN 978-7-5019-9556-1　定价：32.00元
读者热线：010-65181109
发行电话：010-85119832　　010-85119912
网　　址：http://www.chlip.com.cn　http://www.wqedu.com
电子信箱：1012305542@qq.com
如发现图书残缺请拨打读者热线联系调换
232082Y1C111ZBW

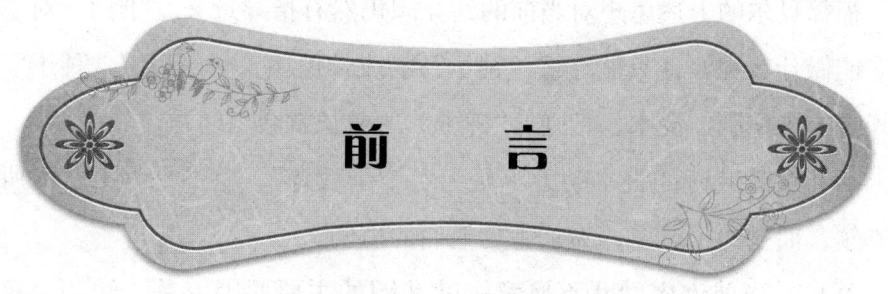

前　言

每当我听到小朋友声嘶力竭地呼喊："妈妈，我要回家，我不上幼儿园！"

每当我看到小朋友拉着父母的衣服，不断地哭泣，迟迟不肯进幼儿园……

每当我听到孩子站在幼儿园铁门内与妈妈告别时，一面落泪，一面哀求："妈妈，今天早点来接我……"

我的内心就被深深地刺痛。

是什么原因让孩子不愿意去幼儿园？是什么原因让孩子在幼儿园门前徘徊？是什么原因让孩子希望早点离开幼儿园？

我不断地追问，不断地思考……

1840年德国教育家福禄贝尔（1782—1852）将自己开办的学前教育机构命名为"kindergarten"（儿童的花园之意，即世界上的第一所"幼儿园"），作为幼儿园之父的他强调："它并不是一所学校，在其中的儿童不是受教育者，而是发展者。"他把幼儿放在"生长发芽的种子"的地位上，把教师放在"细心的有知识的园丁"的地位上。

福禄贝尔的上述思想对当前的幼儿园仍然有指导意义。"园丁"对"种子"能做什么呢？他只能尊重"种子"的成长规律，只能根据"种子"的成长需要来施肥、浇水，否则，"种子"的成长就会出问题。

幼儿去幼儿园的根本动力不是为了"受教育"，也不是为了学习所谓的本领，而是为了玩耍，为了满足他们的需要。

可是，当前许多幼儿不愿意去幼儿园的主要原因就是，幼儿园仅仅把幼儿当作"受教育者"，把教师的唯一任务定位为向幼儿传授知识技能，而忽视了对幼儿需要的关照，因此幼儿在幼儿园里体验不到快乐，对幼儿园就产生了抵触情绪，甚至有的幼儿对幼儿园产生了恐惧情绪。

本书从关照幼儿需要的角度，提出了打造幼儿园魅力班级的各种策略，希望教师能打造出对幼儿有吸引力、能给幼儿带来快乐的班级及活动，让幼儿由衷地喜欢上班级及其活动。

英国教育家欧文（1771—1858）在19世纪创办"幼儿学校"，办得非常成功，德国哲学家恩格斯（1820—1895）曾经给予高度的评价："他发明并第一次在这里创办了幼儿园。孩子们从两岁起就进幼儿园，他们在那里生活得非常愉快，父母简直很难把他们领回去。"

我们由衷地希望我们的幼儿园也能像欧文当年所创办的"幼儿学校"那样受幼儿欢迎：孩子们在我们的幼儿园里生活得非常愉快，父母很难把孩子们从我们的幼儿园领回家。

我们由衷地希望我们的老师能为幼儿打造出有无穷魅力的班级：每天清晨孩子们一起床就急迫地要求爸爸妈妈快点把他们送到幼儿园去，孩子们在班里生活得非常愉快，每天放学时，孩子们都对幼儿园恋恋不舍，父母甚至很难把他们带离我们的班级。

如果真是这样，那么，我们的孩子就真的是幸福的，幼儿园班级就是孩子们的乐园，孩子们在班里过着天堂般的生活！

本书由广西幼儿师范高等专科学校的莫源秋（第一章、第二章、第三章）、韦凌云（第五章、第七章、第八章）、申敏婷（第六章）和广西教育厅幼儿园张文莉（第四章）撰写，全书由莫源秋统稿、审稿和定稿。

由衷地希望本书能对广大一线幼儿园教师打造有魅力的班级有实质性的帮助！

莫源秋

2013年7月

目 录

前　言 ·· 3

第一章　消除新生入园焦虑的策略 ································ 1

策略 1　指导家长有效应对孩子的入园焦虑 ···················· 2
策略 2　幼儿园有效应对新生入园焦虑 ···························· 8
策略 3　家园合作有效应对新生入园焦虑 ······················· 17

第二章　打造魅力教师的策略 ·· 23

策略 4　爱要让幼儿感受得到 ·· 23
策略 5　让孩子感觉教师是家长的好朋友 ······················· 29
策略 6　以积极的情绪状态与幼儿交往 ··························· 30
策略 7　学点小魔术，增加教师的神秘感 ······················· 32
策略 8　展示自己的才艺 ·· 46
策略 9　做些让幼儿感动的事 ·· 47
策略 10　让自己富有幽默感 ·· 52

策略11　与幼儿建立私交························57

第三章　打造魅力班级同伴关系的策略························61

策略12　训练幼儿的交往技巧························61
策略13　在班级中形成一种温暖的人际心理氛围························65
策略14　让每个幼儿在班级里都能找到归属感························72

第四章　打造魅力班级物质环境的策略························79

策略15　我的地盘我做主························80
策略16　让幼儿成为班级环境创设的真主人························82
策略17　巧将小秘密隐藏在班级物质环境中························84
策略18　幼儿能看懂的"说明书"························86
策略19　让幼儿看见自己的成长························87
策略20　倾力打造班级自由创意墙························90
策略21　我的私密小屋························91
策略22　班级百宝箱························92
策略23　让幼儿惦记的班级自然角························92
策略24　我喜欢在这里睡觉························96

第五章　打造魅力班级生活活动的策略························99

第一节　打造充满魅力的盥洗活动························99
策略25　投放多样的盥洗用品，让盥洗环节变得有趣························100

策略26　开辟"休闲区"，让盥洗室充满吸引力 …………………… 101
　　　策略27　满足幼儿的成就需要 ……………………………………… 102
　　　策略28　巧设玩水区，弥补盥洗时不能玩水的遗憾 ……………… 105
　　　策略29　帮助幼儿消除盥洗环节的畏寒心理 ……………………… 106

　第二节　打造充满魅力的进餐活动 …………………………………………… 107
　　　策略30　创设温馨的进餐环境，让幼儿享受进餐 ………………… 108
　　　策略31　多管齐下，激发幼儿的食欲 ……………………………… 109
　　　策略32　做个有心人，满足幼儿的个别需要 ……………………… 110
　　　策略33　提出合理的进餐要求，让进餐指导充满人情味 ………… 112
　　　策略34　满足幼儿进餐环节的交流需要 …………………………… 113

　第三节　打造充满魅力的如厕活动 …………………………………………… 115
　　　策略35　参与布置，使如厕环境充满童趣 ………………………… 116
　　　策略36　家园配合，帮助幼儿习惯如厕环节 ……………………… 117
　　　策略37　亲切关怀，消除幼儿如厕的畏惧心理 …………………… 118
　　　策略38　关注细节，帮助幼儿克服如厕障碍 ……………………… 121
　　　策略39　自我"诊断"，增加如厕环节的吸引力 ………………… 122

　第四节　打造充满魅力的喝水活动 …………………………………………… 123
　　　策略40　帮助幼儿体验喝水带来的成就感 ………………………… 124
　　　策略41　满足幼儿在喝水环节交往的需要 ………………………… 125
　　　策略42　发挥榜样作用，激发幼儿的喝水兴趣 …………………… 126
　　　策略43　满足幼儿的表现需要 ……………………………………… 127

　第五节　打造充满魅力的午睡活动 …………………………………………… 128

策略 44　创设温馨的睡眠环境，让幼儿甜蜜入梦……………………129

策略 45　营造值得期待的睡前环节……………………………………130

策略 46　巧妙安排，克服幼儿的"起床困难"…………………………131

策略 47　提高自我服务能力，满足幼儿对成就感的需要……………132

第六章　打造魅力班级游戏活动的策略……………………………135

策略 48　针对家长塑造游戏的价值感…………………………………136

策略 49　提供有魅力的、符合幼儿身心发展需求的游戏……………142

策略 50　教师无为而为，彰显游戏魅力………………………………148

第七章　打造魅力班级集体活动的策略……………………………153

策略 51　有魅力的班级生日活动………………………………………153

策略 52　有魅力的班级节日活动………………………………………159

策略 53　有魅力的班级郊游活动………………………………………169

策略 54　有魅力的班级制作活动………………………………………171

策略 55　有魅力的班级表演活动………………………………………175

策略 56　趣味班级种植活动……………………………………………179

第八章　打造魅力班级教学活动的策略……………………………183

策略 57　教师的热情带动………………………………………………183

策略 58　使班级教学活动充满趣味性…………………………………185

策略 59　技巧性地满足班级教学活动中幼儿的交往需要……………189

策略60　多方面地满足幼儿的成就感需要……………………192

策略61　顺应幼儿爱表现的需要……………………………196

策略62　解除班级教学活动中不合理的常规………………198

策略63　关注弱势幼儿的需要………………………………200

策略64　顺应幼儿的特点，使其学得轻松…………………205

第一章
消除新生入园焦虑的策略

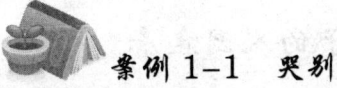

案例1-1　哭别

女儿不愿上幼儿园,每天早上都要演一场"哭别",从吃早饭时就开始央求:"好妈妈,不上幼儿园好吗?"时间到了,女儿怎么也不肯出门。好不容易出了门,还没到幼儿园门口,眼泪就开始往下淌。下了车,女儿拖着我的腿不让走,哭着不肯进幼儿园。

从上学的第二天起,女儿就每天又哭又闹,不想上幼儿园,连梦中都在叫"爸爸来接,妈妈来接"。每天早上送她去幼儿园,简直是一种折磨,小孩痛苦,大人也痛苦。

尽管我们的孩子已经4岁多了,但她上幼儿园对于我们来说简直是一种煎熬。孩子每天睁开眼睛就会问妈妈:"今天用不用去幼儿园?"如果我们对她说"今天必须去幼儿园"的话,她就会哭个不停;如果我们对她说"今天不用去幼儿园"的话,情况就会相反。

从周一到周五,孩子痛苦,我们大人也很痛苦。

自从女儿上幼儿园以来，我们夫妻的情绪都很差。原先那么活泼开朗的一个孩子，现在动辄哭哭啼啼的，还不时地发热、夜啼……

（www.yunyu.org/jiatingjiaoyu/baobaoruyuan/24124.html）

孩子入园是其第一次走出家庭踏入陌生环境生活，而第一次经历的影响是深远的。假如这是一次不愉快的经历，以后孩子可能会对所有的新环境都产生恐惧心理，而且当孩子长时间处于焦虑状态时，孩子就会出现一系列心理行为问题，如爱攻击别人、具有破坏行为癖好、爱哭闹、吮手指、挖鼻孔等。因此，打造魅力班级首先要从消除新生入园焦虑开始。

策略 1　指导家长有效应对孩子的入园焦虑

要让孩子高高兴兴地入园，就要解决孩子的入园焦虑问题；而孩子的入园焦虑问题，必须有家长的参与方能解决，因为家庭就存在着许多导致孩子入园焦虑的诱因，并且家长在减轻孩子的入园焦虑、让孩子快快乐乐地上幼儿园方面可以有所作为。

1. 向孩子介绍幼儿园的好处

入园前，家长要向孩子介绍幼儿园的好处。家长可以不断地跟孩子说"老师像妈妈一样地爱你，老师就像是你的朋友，你有什么不高兴的事，都可以和老师说"等。特别提醒：家长绝对不应该在孩子面前对老师进行负面评价——如果你对老师真的有意见，请直接与老师沟通。

家长要有意识地和孩子经常谈论幼儿园，可以谈谈自己小时候或者同事的孩子在幼儿园里的趣事，让孩子向往幼儿园生活。

家长还可以告诉孩子：在幼儿园有很多小伙伴在一起玩游戏，幼儿园里的老师会讲很多好听的故事，会唱歌，会跳好看的舞，会带你们做游戏。

家长应尽可能地表现出对老师的信任和喜欢，可以直接告诉孩子："我真喜欢你们的老师，她笑起来真好看，讲话的声音真好听。"这些话会让孩子对老师产生好感。

如果有条件，教师还可以将自己的才艺制作成 MP3 或 MP4，让家长在孩子入园前放给他听或看，让孩子入园前就熟悉自己的老师，从而对幼儿园和老师有一个好印象，并且产生向往与期待。

家长绝对不能用幼儿园及老师来吓唬孩子，下面的话绝对不能对孩子说：

- "你不听话就把你送去幼儿园。"
- "看你这么调皮，送你到幼儿园去，叫老师好好收拾你。"
- "你不乖就把老师找来。"
- "你再不听话，就把你送到幼儿园去，让老师把你关起来。"
- "唉，到幼儿园你就没这么开心了。"

这样的话说多了，真的会让孩子觉得幼儿园和老师是十分恐怖的。

2. 家长要克服自己的焦躁情绪

对孩子的哭闹，家长要保持一种平和心态。有的时候家长看到孩子撕心裂肺地哭闹，自己也在一旁抹眼泪，这样会把不良的情绪传递给孩子。你不可以说"妈妈舍不得你，妈妈会很想你"，你可以这样安慰孩子——"幼儿园有很多好玩的玩具，你玩够了，妈妈就过来接你"。

每天在送孩子入园之前，家长在家里就应该和孩子说好，爸爸妈妈送他到教室后就会去上班,并且实际上也坚持这样做,不要将孩子送到教室后又表现出恋恋不舍,否则聪明的孩子一看到家长的不舍,马上就会试图以哭来打动家长。

另外,在送孩子去幼儿园之前,家长可以给孩子一些许诺——如果孩子高高兴兴地去幼儿园,周末让他做他平时特别喜欢的一些事情或满足他的一些要求,然后与孩子"拉钩约定,再盖个小印章",说到做到。这样,每天都有一种暗示,会慢慢减轻孩子的焦虑心理。

在接孩子时,家长不要这样问孩子:"今天在幼儿园好吗?想不想妈妈呀?"很多情况下,孩子会觉察到家长表露出来的担心和忧虑并深受其影响,所以家长的语言、语气和神情不要让孩子对幼儿园和老师产生不安全感。

下面向家长们介绍一些缓解孩子入园焦虑的技巧:

(1)观念确认

要确信,所有的家长都会经历这个过程,这是孩子迈向社会的第一步,要相信自己的孩子一定有这个能力。

(2)寻求支持与理解

多与他人交流,特别是与有送孩子入园的经历的家人和朋友交流,了解一下他们的亲身感受以及当时的解决办法。

(3)与老师交流

将自己的顾虑和困惑与老师交流,听听他们的说法,或许他们的答案会让家长发现自己的一切顾虑都是多余的。

(4)让孩子的影像时常在身边

在钱包里、电脑屏保中、桌上都放上孩子的照片,时常看看孩子的影像,满足自己的想念之需。

3. 坚持天天送孩子入园

无特殊原因要坚持天天按时送孩子入园。送孩子去幼儿园，切不可"三天打鱼，两天晒网"。这样表面上看是心疼孩子，但无形中会加长孩子适应幼儿园的过程。因此，不管孩子如何哭闹，只要他没生病，就一定要坚持送其入园。

实践证明，越是随着孩子的性子，断断续续地去幼儿园，孩子的焦虑期就会越长。

父母更不能因为孩子哭闹而中途退园，因为这样会前功尽弃，孩子重新入园的时候还是会哭闹，其焦虑期会更长。

有些祖辈看到孙辈哭得厉害就会觉得心疼，然后会说："明天不来了。"这会让孩子下次来上幼儿园的时候感觉受到欺骗，会哭得更加厉害。因此，在送孩子上幼儿园方面，家庭成员要意见一致。

4. 大大方方地与孩子说再见

有的家长把孩子送进幼儿园，一看见孩子哭闹，就赶忙抱抱孩子、哄哄孩子，然后孩子如期停止了哭泣；可是家长再要走，孩子就又哭闹，家长欲走又止，或者总是在门前和窗外徘徊，一不小心被孩子看到，孩子又哭闹不停……

家长将孩子交给老师后，应该大大方方地和孩子告别，然后果断地离开，切不可听见孩子哭闹，又回来看他。因为孩子会错误地认为"只要我哭，爸爸妈妈就会回来"，这样他就会坚持不懈地大哭。

家长的犹豫和焦虑行为会加重孩子的分离焦虑。父母要相信孩子的适应能力，同时也要相信老师有办法平息孩子的激动情绪。第一天，孩子可能不能接受分离，但第二天、第三天，他自然而然就接受了，这就是心理学上所说的系统脱敏。

5. 家长要对孩子进行积极的引导

家长不要问孩子如下的消极问题：

- "今天有小朋友欺负你吗？"
- "在幼儿园吃得饱吗？"
- "老师吓唬你了吗？"
- "老师有没有骂你？"
- "今天哭没哭？"

这类消极提问，一方面会加重孩子上幼儿园的紧张情绪，另一方面会对孩子产生幼儿园不好的暗示，使孩子害怕和不愿意上幼儿园。

送孩子上幼儿园时，家长要多和孩子说"幼儿园里有好多小朋友等着你和他们一起玩"，"老师可想见到你啦"，"老师最喜欢你啦"，"我真喜欢你们的老师，她笑起来真好看，讲话的声音真好听"……这些话会让孩子对老师产生好感。

接孩子时，家长可以多问一些具有积极导向的问题：

- "今天有什么有趣的事吗？"
- "今天你和小朋友玩了什么好玩的游戏？"
- "今天你得了一个小五星，真棒！明天我们还去幼儿园，得一个大五星，好吗？"
- "今天你又学习了什么新本领？"
- "你的好朋友是谁？"
- "今天老师教会宝宝做什么游戏了？"

- "你学会了什么好听的歌曲？"

这样积极的交流，可让孩子对幼儿园渐渐产生好感，有利于缓解甚至克服孩子的入园焦虑情绪。

放学的时候，家长可以陪着孩子在班里再停留一会儿，和孩子一起参观他们的教室、休息室、盥洗室等，看看小朋友们的照片及每个小朋友的标志物。家长要鼓励孩子和周围的小朋友交往，还可以在征得老师同意的情况下，把一些安全卫生的糖果分给小朋友们。

6. 家长要按时接孩子

第一个月，特别是第一周，家长一定要早点接孩子，不要让孩子在园的时间过长，要尽量赶在大多数孩子被接走之前接孩子，否则会让孩子产生被遗弃的感觉，这样会增加孩子的焦虑情绪。

7. 约个小伙伴一起上幼儿园

家长要为孩子找个小伙伴，每天相约一起去幼儿园。家长要有意识地为孩子寻找、培养这样的一个小伙伴——入园前就要和相关家长多组织一些让孩子们在园外一起活动的机会，如，在平时常在小区里一起玩耍，双休日的时候一起去公园玩等，让孩子们成为朋友。如果有自己熟悉的小伙伴在同一个班，孩子的入园焦虑会大减。

案例 1-2　一位家长的经验

常听别人说孩子上幼儿园会哭闹，所以一直很担心，没想到孩子第一天表现非常好，不哭不闹。可是好景不长，新鲜劲儿一过，4天后孩子就无论如何都不愿去了,她甚至都用"那儿"来称呼幼儿园了。实在拗不过大人去了幼儿园,她也基本上使用"三不政策"——不吃、不喝、不睡。

每天放学时,我都会跟老师沟通一次,了解幼儿园玩的游戏,回家和孩子一起做。每天我还会帮助女儿一起记住同班小朋友的名字,放学后联系这些孩子的父母,一起到小区花园里散步,沟通孩子的情况,同时让孩子们一起玩耍,让他们彼此熟悉,减少陌生感,还时常相约一起去幼儿园。有了同盟军,孩子的入园焦虑问题当然就迎刃而解了。

(摘自一家长送女入园的日记)

确实是这样,幼儿入园焦虑的主要原因就是人和环境的陌生感。而当班里有了自己熟悉的甚至是要好的小伙伴时,幼儿的入园焦虑自然会减少甚至消失。

策略2 幼儿园有效应对新生入园焦虑

幼儿园应对新生入园的有效措施如下:

1. 教师与幼儿建立初始情感

在新生入园前,教师要和每个幼儿建立最初的情感。要从根本上解决"入园焦虑",就必须尽快建立起一种师幼间的情感依恋关系,赢得幼儿的信任,否则,幼儿的哭闹行为会反复出现。为此,我们应该注意以下几点:

- 在新生入园前,适当地带上一两件幼儿喜欢的玩具去家访,并在家访时和幼儿投入地玩上一段时间,这将会大大地增强家访的情感效

应，取得意想不到的效果。

- 同班的三个教师每人负责在最短的时间内与本班三分之一的幼儿建立比较深厚的情感。幼儿在幼儿园里有一位喜欢他、也被他喜欢的老师，其焦虑就会消失。

- 要记住每个幼儿的姓名。在新生入园前，教师就应努力通过相片记住每个幼儿的相貌和名字；当幼儿来园时，对小班幼儿可用他在家用的小名称呼他，今后幼儿每天来园时，教师要大声而亲切地称呼他，这样可以大大地缩短师生之间的心理距离。

- 为每个幼儿做点事，增进师幼间的情感。在生活中留心观察，为幼儿们排忧解难。扣好小绢袖子上的扣子，捋捋小静头上的小辫子，替诗雨更换弄湿的衣服，帮虹丹擦擦背上的汗……从一件件小事开始，彼此的感情在积累，信任也在增加。

- 老师与幼儿一起照张合影。老师和家长及孩子照张合影，然后把照片挂在家里的墙上，让幼儿感觉老师和他们一家人都是好朋友。

- 新生入园第一个月内不得批评孩子。孩子刚刚来园，还处于不安之中，批评只会加重孩子内心的焦虑，让孩子觉得老师是可怕的。

- 第一次与幼儿接触，要让幼儿主动，而不是老师主动抓孩子的手或很亲热地拥抱孩子；慢慢接近孩子，是伸手给孩子握，而不是老师主动握孩子的手。

- 第一次与幼儿接触，不要强迫幼儿叫"老师好"，更不要因为幼儿没有叫"老师好"而批评他，否则，幼儿会觉得在老师面前很有压力。

- 四"禁止"：
  ◎禁止对幼儿发脾气，如，对幼儿瞪眼、不理睬、大声吼叫。

◎禁止拉拽孩子。

◎禁止欺骗孩子。

◎禁止恐吓孩子。

上述禁止的行为都会给幼儿带来不安，不利于幼儿与教师形成亲密依恋的关系。

2. 展现老师和家长是好朋友

以幼儿感受得到的方式展现老师和家长是好朋友。教师要告诉家长尽早跟孩子说："某某老师是妈妈的朋友，找不到妈妈时，找某某老师就等于找到妈妈。"教师在家长送孩子来园时，与家长之间通过热情的交流、握手、拥抱在孩子面前展现友好关系——这一点十分重要。看到老师和自己的父母如此亲密友好，幼儿也会感到很愉快，非常有助于消除他们在幼儿园里的焦虑情绪。

3. 同理心化解焦虑

要让幼儿知道老师明白他的感受，让他知道老师理解他、支持他。假如幼儿因想妈妈而不开心，教师可以对幼儿说："我知道，你心里想妈妈，老师让你在这里好好想妈妈，你想完妈妈就过来和老师做活动。"如此一来，孩子的心里会变得舒坦一些。请不要对幼儿说："没什么好想的，妈妈/爸爸很快就会来接你，过来做活动吧。"否则，孩子会觉得你支配他、不理解他，他的感觉会很不好。

4. 明确表示我们对幼儿的爱

教师可以通过拍一拍幼儿的肩膀、摸一摸他的额头、抱一抱他、亲一亲他的小脸、摸摸他的小脸蛋、拉拉他的小手、善意地微笑着看他一眼等身体语言来让幼儿感受到教师对他的爱。有的幼儿园要求，对新入园的幼儿，每天至少要拥抱3次，每次10秒钟——我认为这对消除幼儿的入园焦虑是有帮助的。

 **案例1-3　给孩子"妈妈式的拥抱"**

每天早上，我都会笑容满面地迎接孩子们的到来。"宝宝，早上好！来，老师抱抱！"对付那些死揪住父母衣角不放的孩子，这一招百试百灵，可以让我从家长手中顺利地接过孩子。那就是妈妈式的拥抱，把孩子抱在怀里，让他把头埋在臂弯里或者靠在肩膀上，手轻轻拍打其背，身体以摇篮的节律轻摆。然后说点有趣逗乐的话，甜言蜜语鼓励一番，再闹的孩子也会被吸引住，停止哭闹。入园焦虑的主要原因是幼儿缺乏安全感和被爱的感觉，这种妈妈式的拥抱正好契合了孩子们寻求安全感和爱的情感需要。

（摘自一位教师的教育记录）

确实是这样，"妈妈式的拥抱"会给幼儿以安全感，让幼儿的焦虑情绪顿消。

5. 每天一句甜言蜜语

上海的幼儿园特级教师蒋静曾这样说："每天要对孩子说一句悄悄话，让孩子感受到你的爱意和关怀！""宝宝今天真漂亮，像个可爱的洋娃娃"，"眼睛又大又亮，像天上的小星星亮呀亮晶晶"，"嗨，小家伙，真精神"，

"小超人一二一二走过来了"……赞扬声中,孩子们昂首阔步地走进教室,心情畅快地开始幼儿园生活的新的一天。这一天,孩子们也因这一句赞扬、欣赏的话而分外有精神,分外快乐。

6. 让孩子布置一个有"自己痕迹"的环境

教师可以让刚刚来园的孩子自己挑一把喜欢的椅子,椅子挑好后贴上孩子的照片,再给它起个名字。虽然椅子都是一样的,但孩子自己选的椅子意义就不一样了,再贴上照片,为它起名,这把椅子对他而言就是宝贝,于是他在班里就有一件喜欢的物品了。

允许孩子带来一些自己在家中的心爱物品,如玩具、图书、毛巾被等,在幼儿园里有了自己的痕迹,便可以增加幼儿对幼儿园环境的熟悉程度,也可以减轻孩子的入园焦虑。

7. 以大带小,缓解初入园幼儿的焦虑

年龄较小的幼儿,往往愿意与比自己年龄大的幼儿交往。根据这一特点,教师可以从中、大班请来几名性格活泼开朗、有较强活动能力的幼儿,请他们先在活动室里开展一些他们以前玩过的游戏。当新入园的幼儿到来时,他们可能会被那里的大哥哥、大姐姐们吸引,也可能会被他们正在做的游戏吸引。中、大班幼儿既可以邀请新入园的幼儿参加到游戏中来,也可以只让他们观看。教师还可以请这些中、大班的幼儿帮助接待新入园的幼儿,并根据预先安排的活动,由中、大班幼儿带领陆续进园的幼儿开展他们喜欢的活动。

以大带小,会让初入园的幼儿在不知不觉中融入幼儿园的生活,并喜欢上幼儿园。

8. 认真做好新生入园接待工作

开学第一天，幼儿正式入园，教师应亲切接待，直呼幼儿的名字或家中使用的小名，拥抱他，给他喜欢的玩具，使初入园的幼儿感到温暖和安全。对于哭闹的幼儿，教师要像妈妈一样，哄抱一下，给予抚慰和鼓励，并当着孩子的面要求家长下午早些来接，使孩子在情感上得到满足。教师还应善于关心那些虽然不哭但内心焦虑不安的孩子，使自己尽快地成为幼儿依恋的对象、幼儿在陌生环境中的保护者，进而减轻他们的焦虑情绪。

9. 让幼儿的身心都动起来

除了吃饭和睡觉外，在其他时间要尽可能让幼儿动起来——走起来、跑起来、唱起来、舞起来，特别是要选用动感强、节奏欢快活泼的旋律，让幼儿的身心都动起来，这可以在一定程度上减少幼儿对家人的思念，进而缓解幼儿的紧张与焦虑，使他们感受到幼儿园生活的快乐。

从心理学的角度来看，让幼儿动起来，其实就是将幼儿的注意力从对家人的思念转移到活动上来。而转移幼儿注意力的方法还有很多，如播放幼儿普遍比较喜欢的动画片、提供新奇的玩具、到户外游戏、观看大班幼儿的游戏活动等，都是好办法。当幼儿沉浸在新环境中时，焦虑感就会逐渐消失，他们就会逐步融入集体生活。

 **案例 1-4 具有宣泄意义的游戏：投篮**

【活动目标】

1. 释放内心的紧张情绪。

2. 融入活动中，忘却对家人的想念。

3. 掌握正确的投篮方法。

【活动准备】

篮球架、小篮球、大筐。

【活动重点与难点】

让幼儿懂得投篮方法，焦虑情绪在活动中得到宣泄。

【活动过程】

1. 老师向幼儿示范投篮方法与技巧。

2. 提出投篮的纪律要求：不得往同伴身上扔小篮球，听到信号后收拾玩具。

3. 幼儿开始自由投篮活动。

4. 分小组进行投篮比赛。

初入园的幼儿处于强烈的分离焦虑期，他们的郁闷情绪很需要得到宣泄。适量的投球动作锻炼，可以帮助幼儿在运动中释放出紧张的情绪，使幼儿身心舒畅、精神焕发，从而达到消除焦虑情绪的目的。

实践证明，反反复复的投篮动作、一个个球投进篮网后"啪啪"落到地上的响声，让幼儿喜不自禁、兴奋不已，他们在活动中再也不啼哭了，而是积极参与，可见他们喜欢上了这一活动，正淡化着对家的留恋和对亲人的想念。

第一章 消除新生入园焦虑的策略

 **案例 1-5　具有宣泄意义的游戏：投保龄球**

【活动目标】

1. 释放内心的紧张情绪。

2. 融入活动中，忘却对家人的想念。

3. 掌握正确的抛球方法。

【活动准备】

"保龄球"若干、矿泉水瓶（作"球瓶"用）若干、作为分隔的彩带（即"球道"）若干。

【活动重点与难点】

让幼儿懂得抛球方法，焦虑情绪在活动中得到宣泄。

【活动过程】

1. 老师向幼儿示范抛球的方法与技巧。

2. 提出抛球的纪律要求：不得往同伴身上扔"保龄球"，听到信号后收拾玩具。

3. 幼儿开始自由抛球活动。

4. 分组进行抛球比赛。

抛球运动让幼儿的身心都集中在活动上，这样可以减少幼儿对家庭和家人的想念；用力地抛球和比赛中的欢呼、呐喊，可以在一定程度上让幼儿的负性情绪得到释放，有利于幼儿的身心健康。

那种将幼儿关在活动室中、强行让幼儿静静地适应集体生活的做法是十分错误的。设计和组织有趣的活动，让幼儿活动起来，不仅可以转移幼儿的注意力，而且可以消除幼儿之间以及幼儿与教师之间的陌生感，对缓解幼儿的分离焦虑具有十分重要的意义。

10. 以温暖的方式给予幼儿回应

幼小的孩子需要成人给予温暖和照顾。他们需要一个"母鸡妈妈"，而不是一个只懂得灌输的教官。想象一下母鸡妈妈：夜幕降临的时候，小鸡们急切地回到鸡妈妈身边，依偎在它的怀里，它的翅膀为小鸡们提供了温暖而舒适的庇护。但是小鸡们不是只在夜晚的时候才回到鸡妈妈身边，在任何有危险逼近的时候，它们都会急切地寻求鸡妈妈的温暖。它们得到了及时的温暖、接纳、保护和回应，就会有安全感。

幼儿在幼儿园也需要得到像"母鸡妈妈"那样的温暖、接纳、保护和回应。当他们因为某些真实的或者想象中的危险而害怕时，他们希望能够从大人保护性的羽翼下得到温暖。试想一下，当一个孩子因为身体不适或心里不舒服而哭闹时，一个冷漠、没有同情心的老师走近了他，以一种冰冷的口气问："你怎么了？"——这表明她并不是真的关心孩子，这一句冷冰冰的问话不仅没有让孩子停止哭泣，反而使孩子哭得更厉害了。

3岁的晓玉很想念她的妈妈。她站在最后一次看见妈妈的窗户旁边哭泣。老师在她的一旁布置教室，招呼其他刚刚到园的孩子，对晓玉的哭泣却视而不见。当老师经过晓玉身边时，晓玉抓住了老师的衣襟。老师生气地甩掉了晓玉的手，告诉她："你最好停止哭泣，小姑娘！这对你没有任何好处。你妈妈是不会回来的。"在这个老师身上，晓玉感受不到温暖、理解和安慰，没有被保护的感觉，晓玉哭得更加伤心了。

骁勇为了得到红色的球已经等了很长时间，现在他终于得到了。他开始很开心地在篮球架下拍球，当他正准备投球的时候，哨子响了。老师大声宣布:"时间到了!"

骁勇跑到另一边,紧紧地抓住球。老师在他身后抓住他的夹克:"不可以!难道你没有听到哨子声吗?时间到了!"骁勇将球用力地扔到活动场地的另一端,跌坐在地上,挥着拳头哭闹着。

老师很严厉地说:"够了!时间到了!"老师把骁勇带到靠近窗户的椅子旁。骁勇消沉地坐在那里,很失望地看着窗外滚到活动场地角落里的球。这个时候,他的沮丧和生气得不到理解,没有温暖和依偎,他也没得到以后还有机会玩球的安慰,他显得焦虑不安。

幼儿教师应该具备温暖、接纳、保护的品质,他们应该努力理解和接受幼儿试图表达的东西,他们应该以一种温暖和关心的方式回应幼儿的各种诉求。只有这样,幼儿才会感受到幼儿园的温暖,他们才会生活得安心、舒心,否则,他们将会在持续的不安中生活,他们的心理健康成长就失去了根基。

策略3 家园合作有效应对新生入园焦虑

1. 展示专业素养赢得家长的信任

要让家长放心地把孩子交到一个陌生的环境、一些陌生人的手中,必须要让他们先信任幼儿园、信任老师,这样才能消除家长因孩子初入园而产生的焦虑感。

(1)用专业的细心赢得信任

家访时,教师要提醒家长为孩子做好一定的入园心理准备和物质准备。

①家长为孩子入园应做的心理准备。

教师应通过各种途径提醒家长为孩子入园做好心理准备：

- 配合幼儿园的要求，让孩子学会自己吃饭，克服要别人喂饭或挑食等不良习惯。
- 教孩子学会自己小便，或者能主动告诉成人"我要小便"、"我要大便"。
- 在作息时间的安排上，应逐渐接近幼儿园的生活规律，早睡早起，吃、喝、拉、撒要科学而有规律地进行。
- 让孩子学会自己穿脱简单的衣服、鞋袜。
- 教会孩子当感到不舒服时能说出或用手指出具体的部位，例如头痛、肚子痛等。

②家长为孩子入园应做的物质准备。

教师在第一次家访时，要提醒家长为孩子入园做好物质准备：

- 具有方便孩子生活的特质的生活必需品。比如，为了减轻孩子着装上的压力，要为孩子准备便于穿脱的衣服；准备一些替换的衣服，以便在孩子尿裤子和弄湿衣服时替换；为孩子准备一样心爱的玩具带到幼儿园来玩，使他在园中也能找到熟悉的玩伴，等等。
- 给孩子的物品标上易认的标识。比如，给孩子的衣服、鞋子等物品绣上名字，并让孩子在入园前反复地认一认，这样做便于孩子在集体生活中分辨出自己的物品，也便于老师帮助孩子。
- 准备的物品不要成为影响孩子学习的干扰因素。比如，不要给孩子选择过于新颖刺激的服装、会叫的小口袋、会发光的鞋子、有趣的小珠珠，因为这些物品很可能会使孩子在教育活动过程中注意力分散。

教师如此细致、周到、专业化的提示，肯定会让家长对教师产生一定的信任感，进而减轻家长因孩子入园而产生的焦虑情绪。

（2）让家长了解幼儿园及其为缓解幼儿入园焦虑所做的准备

在幼儿入园前，教师要帮助家长全面了解幼儿园，让家长感受到幼儿园班级为减轻新环境对孩子的压力和陌生感而在心理和物质方面所做的各种努力和举措，要解答家长对幼儿园的各种困惑和疑虑，以缓解家长的焦虑情绪。

（3）向家长全面、细致地汇报其孩子的在园情况

孩子入园后，教师要利用孩子来园、离园等机会，利用电话、网络（QQ、电子信箱、博客、微博、微信等）、家访等途径，以文字、图片、录像的形式，及时、全面地向各位家长汇报其孩子在园的情况，让家长放心，从根本上减轻家长的焦虑。

家长一般都希望从教师那里了解孩子一周的表现及进步情况，还希望获得较为完整和详细的其他信息，如孩子有没有哭，吃饭睡觉的情况怎样，大小便能否自理，和其他小朋友相处得如何，参与教育活动的情况如何，等等。

因此，教师平时就要全面了解每个孩子在园的表现，在与家长见面时，主动向家长汇报孩子在园的生活、学习等情况，以及孩子的进步和不足等情况，要多讲孩子的进步和优点，这样既增强了家长和孩子的荣誉感，也在无形中增强了家长对教师及幼儿园的信任感。

（4）举行家长开放日活动

幼儿园可以利用家长开放日，让家长直观、真实地了解自己的孩子在幼儿园的活动，看到教师、保育员在各个方面对孩子无微不至的关心和照顾，看到自己的孩子与其他孩子交往、游戏的情况，等等。了解孩子在幼儿园的真实情况，有利于家长释疑与心安。

（5）积极回应家长的叮嘱

由于焦虑，家长们与教师见面时总是千叮咛万嘱咐，久久不愿离去。

面对家长的叮嘱，教师首先要充分理解家长的焦虑心情，家长的叮嘱是对自己工作的帮助和要求，要对家长的各种要求予以明确的答复，千万不可在家长面前表现出厌烦。只要家长的要求合理，就要一一答应下来，让家长感受到教师诚恳真挚的态度、细心周到的服务，增强信任感，减少焦虑。

（6）在家长面前经常表达对其孩子的欣赏

有一位很受家长和孩子欢迎的教师，她的成功秘诀就是经常对家长表达她对孩子的欣赏。比如，她会对家长说："你家的宝宝好能干，总是自己吃饭。我想帮帮他，他摇摇头，虽然动作不是很老练，但吃得很认真。我真的很欣赏他的这种独立性。"听了这样的"甜言蜜语"后，家长自然是眉开眼笑、喜不自胜了。

家长的心是很敏感的，体察到教师对其孩子的肯定和喜爱，这比什么都更能令他们放心、安心和舒心。

2. 支持家长带孩子提前入园体验幼儿园里的快乐生活

考虑到孩子适应陌生环境是需要过程的，因此，在正式入园前的一个学期的最后一个月，幼儿园应该支持幼儿及家长每周到幼儿园参加半日适应性活动。家长与幼儿一起体验幼儿园生活，共同参与幼儿园活动，能够使家长对孩子的适应情况有一个初步的了解，以便做出相应的心理和物质准备。

对这些体验活动，幼儿园和教师要精心策划，最好由下学期带班的教师带领相关的家长和孩子到幼儿园见习体验幼儿园生活，可以让父母和孩子跟大班的孩子一起开展一些有趣的活动，让幼儿体验到幼儿园集体生活的乐趣，让家长也感受到幼儿园其乐融融的快乐气氛，看到幼儿在集体中成长的优势，坚定他们送幼儿入园的信心和决心。

这类体验活动的主要目的是让幼儿逐渐熟悉幼儿园的环境，并且知道他们的各种需要可以在哪里获得满足、如何获得满足；同时，让幼儿体验到幼儿园活动的快乐，从而对入园产生向往的心情。

3. 采取梯度入园制度

梯度入园制度指入园的第一个月内，让幼儿每周入园的时间逐步增加，第四周开始才全天入园。比如，第一天可以让幼儿在园里坚持待2个小时，三四天后增加到上午2小时、下午2小时。

研究结果表明，梯度入园的幼儿的出勤率比例均高于非梯度入园的幼儿，并且在与家长分离时，室内活动、户外活动及吃午饭时，哭闹比例都低于全天入园的幼儿。

4. 开好新生家长会

新生入园前两个星期要召开一次家长会。一方面，教师要向家长介绍幼儿园办园理念、师资情况、家园合作的要求等情况；另一方面，教师要向家长介绍新入园幼儿的身心发展方面的专业知识、孩子初入园易出现的问题及其对策，为孩子入园做好铺垫。

5. 建构家园互动平台

教师可通过QQ、QQ群、班级博客建构教师与家长、家长与家长的沟通平台。

通过QQ，教师和家长可随时相互沟通孩子各方面的情况；通过QQ群可随时讨论本年龄段、本班孩子的共性问题；通过班级博客，教师向家长提供各种克服孩子入园焦虑的良策，家长与家长可分享克服孩子入园焦虑的经验。

家园互动平台的建立，有利于家长与教师及时沟通相关信息，及时解决心中的疑惑，有利于降低家长因孩子入园而产生的焦虑。

6. 精心撰写《新生入园须知》

幼儿园可通过《新生入园须知》，向家长宣传孩子入园的意义及家庭应该做的相关准备，其内容主要包括：请家长多和孩子谈谈有关幼儿园生活的积极话题，请家长帮助孩子了解一些幼儿园集体生活准则，请家长适时培养孩子的自我服务能力，请家长将孩子的一些特殊需求告诉老师，告诉家长孩子入园时应该带什么物品以及应对孩子入园焦虑的有效策略，等等。

《新生入园须知》让迷茫中的家长找到了方向，不仅有利于孩子更好地适应幼儿园生活，也有利于家长安心地将孩子送去幼儿园。

幼儿只有走出入园焦虑，才能真正享受到幼儿园生活的快乐。

第二章
打造魅力教师的策略

什么是魅力？商务印书馆2012年版的《现代汉语词典》(第6版)中将"魅力"解释为"很能吸引人的力量"。据此，我们可以给"幼儿教师的魅力"下这样的定义：幼儿教师的魅力就是幼儿教师所具有的特别吸引幼儿的一种力量。在一个有魅力的教师面前，幼儿就像是着了迷一样，深深地、身不由己地被教师及其所组织的活动吸引。一个班里有一个有魅力的教师在，幼儿园也就成了幼儿向往的地方。

因此，我们要努力成为有魅力的幼儿教师，让幼儿园班级成为幼儿天天向往的地方。

策略4 爱要让幼儿感受得到

调查发现，当不爱幼儿的老师（准确地说是没能让幼儿感觉到师爱的老师）带班时，幼儿就不喜欢上幼儿园，甚至有时还会找种种理由（如装病等）不上幼儿园；相反，当爱幼儿的老师带班时，幼儿对幼儿园就抱着一种向往的态度，甚至有时幼儿带病或者冒着大雨也要上幼儿园。如，有一天早上下大雨了，晓云的母亲将孩子送来幼儿园时就曾这样对老师说："今天的雨下得真大，本来不想送孩子来幼儿园了，可是，晓云吵着闹着要来幼儿园。我说：'雨下得太大了，今天我们不去幼儿园了。'晓云就大哭，我问他：'为什么下这么大的雨还非要去幼儿园？'晓云说：'去幼儿园可以见到廖老师！廖老师喜欢我。'"

真的是这样：有爱在，幼儿园就会成为幼儿向往的地方。

因此，幼儿教师要通过自己的言行明确地"告诉"每个幼儿：老师爱你！

1. 抓住爱的契机，让幼儿深深地感受到教师的爱

如果我们能抓住一些爱的契机，定能深深地打动幼儿，让他们感受到老师对他们的爱。这些爱的契机有：

- 某某小朋友今天生病没有来幼儿园，晚上我要打个电话给他。
- 某某小朋友两天没来幼儿园了，我要打个电话去问候问候他。
- 某某小朋友一个星期没来幼儿园了，今晚我要去他家看看他。
- 某某小朋友十分想加入小伙伴的活动，却不知如何加入，我一定要帮帮他。
- 今天还没有和某某交流过，我要过去和他说几句话，或者拉拉他的手、抱一抱他。
- 我昨天好像没和这个孩子说过话，现在我要过去和他说说话。
- 某某小朋友家发生了大事（火灾、家人得了大病、车祸等），我一定要发动小朋友们，甚至发动全园的小朋友和老师向他们家伸出援助之手。

2. 用亲密的肢体语言让幼儿感受到教师的爱

案例 2-1　拥抱会让孩子心满意足

在幼儿园见习时，我曾听到一位教师介绍，她为她班上的小朋友们设计了这样一个游戏：她告诉小朋友们，他们和老师有一个特别的游戏，如果哪位小朋友需要别人抱抱心里才好过，只要冲到老师的面前说"老师，今天你抱过我了吗"，老师就会伸出双手抱住他。大家紧紧拥抱着对方，心里一起数数："1、2、3……"这位老师还说：每次小朋友们离开她的怀抱，都是心满意足地、乐颠颠地继续玩他们的游戏去了。

小朋友们的健康成长，真的需要老师亲密的拥抱，这样做不仅可以让幼儿感受到幼儿园的温暖，更能让幼儿感受到教师的爱。

除了拥抱，教师可以用来表达爱的肢体语言还有：拍一拍幼儿的肩膀、摸一摸幼儿的额头、亲一亲幼儿的小脸、摸摸幼儿的小脸蛋、拉拉幼儿的小手、善意地微笑着看幼儿一眼……

案例 2-2　老师，你不喜欢我

吃午饭的时候，曾老师用目光一边扫视整个活动室，一边鼓励小朋友们大口大口地吃饭。曾老师发现诗诗的餐巾掉在了地上，马上走过去把掉在地上的餐巾捡起来给她。此时，诗诗脸上带着一丝天真的笑，很美。曾老师不由自主地俯下身子亲了一下她的小脸蛋儿。还没等曾老师起身，她忽然听到身后传来一个小小的声音："曾老师，你不喜欢我！"曾老师转身一看，原来是顽皮捣蛋的恒恒。曾老师不由得一惊，问恒恒："你说什么呀？"恒恒说："我，我是说，你不喜欢我。"

曾老师说："你为什么会这么说？老师爱班上的每一个小朋友！"恒恒低着头说："因为你没有亲过我。"

幼儿对教师的爱的表示是那么敏感和渴望！因此，幼儿教师每天都应该明白地表达对每位幼儿的爱。

3. 用温暖的语言让幼儿感受到教师的爱

教师可以通过如下语言让幼儿感受到教师的爱：

（1）体谅的语言

即让幼儿知道老师明白他的感受，并理解他、支持他。体谅的语言会让幼儿感受到教师的温暖和关爱。

- 幼儿为某事很担心。

  × 不要担心，有老师在！

  × 没什么好担心的，都是你想多了。

  √ 是的，可以看出你现在真的很担心。

- 幼儿生气。

  × 明明是你的不对，有什么好生气的？！

  √ 对，这件事的确让你生气了。

  √ 我知道你对我很生气，我知道你不喜欢听我说的那些话。

  √ 我记得我在你这么大的时候，我的老师也曾……那时我也很生气。

  √ 你是不是生气了？可不可以告诉老师发生了什么事？

第二章 打造魅力教师的策略

- 幼儿觉得今天的汤很烫。

  × 不,它只是温的。

  ✓ 这汤烫着你了吧?

- 幼儿打针时哭了。

  × 别的孩子在医院打针的时候都不像你这样。

  × 打针又不疼,哭什么哭?!

  ✓ 我知道打针有一点点痛,不过,咬一下牙就过去了!

- 一个孩子打了另一个从他手里抢走图书的孩子。

  × 看见你打他,我很生气。

  ✓ 因为你想要这本书,所以你愤怒了。

- 一个4岁的孩子拆不开拼装的玩具时,挫折感会使他把玩具扔到地上。

  × 我不喜欢你乱扔积木。

  ✓ 因为拆不开这个玩具,你有点狼狈了。

- "老师,他抢我的玩具。"

  × 他比你小,你应该让着他。

  ✓ 老师摸着孩子的头说:"我知道,别人拿走你的玩具容易让你生气。"

- "我不喜欢这个三明治。"

  × 不,你应该喜欢它。

  ✓ 你不喜欢这个三明治里的什么东西?

  ✓ 三明治里的什么东西让你觉得讨厌?

- 提醒一个5岁的孩子捡起外套并挂在衣帽钩上时,他却对老师尖叫"我恨你",并跑到外面去。

× 你竟敢对我发脾气？！

× 有人对我说"我恨你"时，我很难过。

√ 我知道你对我真的很生气。让我们坐下来谈谈。仅仅是这件外套的问题，还是你有别的不满？

- "我一点也不喜欢明明。"

× 你应该喜欢每一个小朋友。

× 不可以这么说，明明是个好孩子。

√ 那你今天过得不开心喽？明明对你怎么了？他做了什么事让你不高兴了？下次碰到他你准备怎么办？

当自己的情绪体验被承认、理解和接受时，幼儿心中之"气"就会逐渐地消失，心情也会因此而逐渐变得舒畅，幼儿园里的生活就不会令其感到压抑和郁闷。

（2）关心的语言

教师可以通过如下的语言来表达对幼儿的关心：

- ××小朋友，今天怎么没有见你笑呀？你是不是有什么不愉快的事情？跟老师说说好吗？
- 今天你有什么高兴的事？能不能说出来让我听听？
- 能不能告诉老师，昨天晚上你在家里有什么高兴的事情？
- 你心里很难过，愿意告诉我吗？

（3）鼓励的语言

教师可以通过如下的语言来让幼儿不断地得到鼓舞，同时，也让幼儿体会到幼儿园的温暖：

- 老师相信你一定行。

- 老师相信你可以做得更好。
- 没关系，再仔细想想。
- 不错，比上次进步了。
- 你又改正了一个小缺点，大家真为你感到高兴。
- 请慢慢地说，别着急。
- 我很欣赏你在××方面的本领。
- 没关系，我们再去试一试？
- 最近你在××方面进步了。

幼儿时常感受到来自老师的温暖，那么，他就会感觉到在幼儿园里的生活是温暖的、令人向往的。

策略5　让孩子感觉教师是家长的好朋友

幼儿一般都很在意老师和家长的关系。如果老师和家长关系好，那么，幼儿就认为老师是可以依赖的朋友，他对老师不但没有什么抵触情绪，而且可能会因此而喜欢老师。

因此，幼儿教师要通过各种方式在幼儿面前明确地表示你和他的家长是好朋友。

1. 对家长要主动、热情

见到家长带孩子来幼儿园时，教师要主动、热情地与其打招呼，并热情地与家长沟通交流孩子的情况，有准备地介绍孩子的优点与进步。

特别是对那些性格内向、来去匆匆的家长，教师更要热情主动，不要由于对方的"冷漠"和"来去匆匆"而冷落了他们。因为你的态度会对孩子产生影响。

2. 有误会要主动消除

幼儿教师与家长之间有时难免会有一些误会。当与家长产生误会时，教师要主动化解、主动沟通。

有误会，会直接影响教师与家长的关系，敏感的孩子会从教师与其家长的交流中觉察出其中的"不和谐"，这会影响孩子对教师的看法，进而影响师幼关系。

3. 积极参与家长们开展的活动

有时候，有些家长自发组织几个家庭带着孩子一起外出春游、秋游，并邀请教师一起参加。

有时有些教师会找种种理由对家长们的这一番"好意"加以回绝。笔者认为这样做不妥，因为这是教师增进与家长、孩子的交流与感情的一种十分有效的方式，它比园方的"家长开放日"更为有效。希望大家珍惜并充分利用此类活动来增进与家长、孩子的交流与感情，更好地为幼儿的发展奠定基础。

策略6 以积极的情绪状态与幼儿交往

幼儿的情绪很容易被感染，他们的情绪很容易被老师的情绪带动。要想打造一个充满活力的、有魅力的班级，教师首先应该是个热情主动且富有激情的人。

第二章 打造魅力教师的策略

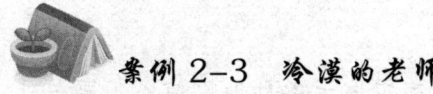

孩子们正在陆续地吃早饭。带班的老师正关注着吃早饭的幼儿。此时，豆豆在妈妈的带领下进入了饭厅，豆豆见到管老师后开心地叫了起来："管老师早上好！"不知什么原因，管老师对热情的豆豆没有做出任何反应。接着豆豆又大声地向老师喊："管老师早上好！管老师早上好！"可是，老师还是没有理睬豆豆。豆豆很无奈，家长也不愿再多说什么，只好在旁边找了个座位让豆豆默默地坐了下来。

从此，豆豆来幼儿园时不再叫"老师早上好"。

在调查中，我们时常会发现有些班级的孩子总是十分活跃，孩子们的脸上总是洋溢着灿烂的笑容，而有些班级的情况则相反，孩子们的脸上总是显得那么阴郁，极少见到笑容；而进一步地调查发现，班级情绪与该班的带班老师的主导情绪有极大的正相关，也就是说，心态阳光、充满活力的老师往往会带出活跃的、快乐的班级，而情绪抑郁的老师往往会带出安静、沉闷的班级。

因此，幼儿教师要学会调控自己的情绪，一定要以积极、乐观、快乐的情绪状态与幼儿见面：

- 每天早上，见到幼儿及其家长要主动向他们打招呼。
- 对幼儿发出的"信号"，要无条件地给予积极、及时、有效的回应。
- 与幼儿有矛盾冲突，要主动化解，不要记恨任何一个幼儿。
- 主动与每个幼儿交往，特别是要主动与那些内向的幼儿交往。
- 快乐应该成为师幼互动中的主导情绪，微笑应该成为幼儿教师的一种职业习惯，幼儿教师应该彻底抛弃"不苟言笑"、"表情木讷"、"外表冷漠"的表情状态。

- 要有宽容之心，对幼儿所犯的错误都应该无条件地原谅，不要与幼儿斗气。
- 对工作要充满激情，要以饱满的精神状态与幼儿互动，为此平时要注意劳逸结合，注意调整好自己的身心状态。
- 对工作永远保持一种新鲜感，要防止心理老化。心理老化表现为：思维的封闭性，创造能力的消退，对工作不再有新奇感，不再有探索、发现的喜悦，对新事物麻木不仁，变得固执保守、自以为是、缺乏激情。
- 富有童心，喜欢玩，会玩，能带领幼儿一起玩。每天都有一种重回幼年的感觉，和幼儿一样对整个世界充满好奇心，和幼儿一起唱，一起跳，一起喊，一起跑，一起笑个前仰后合，相互追逐、相互打闹……时常和幼儿一起"疯"。

策略7　学点小魔术，增加教师的神秘感

我有个学生在幼儿园里深得小朋友们的喜爱，小朋友们对他有点像着了魔似的。他跟我说，他让小朋友们着迷的法宝就是每天给小朋友们玩1~2个小魔术。由于小魔术带有神秘色彩，所以会玩魔术的教师在小朋友们心中就会变成一个很"神"的人，令其魅力倍增。下面给教师推荐一些适合在幼儿面前表演的小魔术。

第二章 打造魅力教师的策略

魔术 1　报纸的帮手

【魔术表演程序】

1. 将报纸揉成一团，塞进玻璃杯里。
2. 将玻璃杯（杯口朝下）迅速、垂直地插进水盆里。
3. 过 1 分钟，将玻璃杯缓缓拿离水面，取出报纸，用手摸摸报纸，报纸没有浸湿，还是干的。

【科学原理】

报纸只占据杯子里的一部分空间，报纸上面和报纸中间还存在着一部分空气。由于空气比水轻，且杯子是迅速、垂直地插进水盆的，杯中的空气还来不及逃到杯子外面去，水基本上无法进入杯中，所以报纸不会被水浸湿。

魔术 2　筷子提米杯

【魔术表演程序】

1. 将塑料杯装满米，用手压一压。
2. 用力地把一根筷子插进米中，再把米压一压。
3. 在杯中加入少量水，等待 2～3 分钟。
4. 轻轻提起筷子，会发现米杯也被提起来了。

【科学原理】

杯内米粒之间的挤压，使杯内的空气被挤出来，杯子外面的压力大于杯内的压力，这使筷子和米粒紧紧地结合在一起，所以筷子就能将盛米的杯子提起来。

魔术3 吞鸡蛋的瓶子

【魔术表演程序】

1. 把熟鸡蛋剥去壳，然后把去壳鸡蛋放在瓶口上，鸡蛋不会掉下去。
2. 把鸡蛋拿开，把纸片用打火机点燃，快速丢进瓶里。
3. 等瓶子内的火快熄灭时，把鸡蛋放在瓶口上，你会发现鸡蛋自动进入瓶子了。

【科学原理】

纸团燃烧消耗了瓶中的氧气，使瓶子内部的气压小于外部大气压，鸡蛋受到内外气压差产生的压力作用，便被瓶子吞吃了进去。

魔术4 针的沉浮

【魔术表演程序】

1. 把色拉油涂在一根针的表面，略微擦干。
2. 把肥皂水涂在另一根针的表面，略微擦干。
3. 把涂过肥皂水的针放进盆中，它很快会沉入水底。
4. 把涂过色拉油的针放进盆中，它会浮在水面上。

【科学原理】

针的沉浮是由水的表面张力大小所决定的。涂过色拉油的针能浮在水面，是因为色拉油增加了水的表面张力；而涂过肥皂水的针之所以很快下沉，是因为肥皂水大大降低了水的表面张力。

魔术 5　彩色喷泉

【魔术表演程序】

1. 用剪刀在瓶盖上扎一个小孔。

2. 往瓶子中倒入有颜色的冷水。

3. 将吸管从瓶盖上的小孔插进水中后,用胶泥把吸管与瓶盖之间的缝隙封好。

4. 把瓶子放入盆中后,往盆里倒热水。这时,你会看到水从吸管里喷出来,就像喷泉一样。

【科学原理】

热水把瓶子里的空气加热了,受热后空气分子的流动速度加快,开始膨胀扩散,因为瓶口被封住了,所以膨胀的空气就会向下挤压瓶中的水,使水从吸管中喷射出来,形成美丽的喷泉。

魔术 6　小鲤鱼沸水历险记

【魔术表演程序】

1. 在试管内注入九成满的清水,将小鱼放入试管。

2. 用试管夹夹住试管,以口朝上的方式倾斜。

3. 点燃蜡烛,然后对试管上方的水加热。

4. 没多久,试管里的水开了,冒出了水蒸气,并传出水沸的声音,而试管底部的小鱼却依旧轻松自在地游着。

【科学原理】

水被加热后密度会变小,会自然上升,而不会向下流。试管上方的水虽然沸腾了,却不影响下方的水的温度。所以,试管底部的小鱼不受干

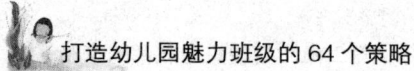

扰，仍能自由自在地游着。

魔术 7　纸杯烧水

【魔术表演程序】

1. 往纸杯中注入半杯水。
2. 将点燃的蜡烛放在纸杯底下。
3. 一段时间后，杯里的水烧开了，但纸杯没有烧着。

【科学原理】

蜡烛在加热纸杯时，纸杯里的水吸收了纸杯上的热量，到达100℃时水沸腾了，温度便恒定在100℃。给纸杯继续加热，在杯中水被煮干前，温度始终为100℃，而不会达到纸杯的着火点（约为130℃），所以纸杯不会被烧着。

魔术 8　不怕火烧的手帕

【魔术表演程序】

1. 用手帕把硬币紧紧包裹住。
2. 用点燃的香去烧手帕上裹着硬币的地方。
3. 过一会儿你会发现，香灰落下了，而手帕却没有烧起来。

【科学原理】

这个游戏利用了不同材料的导热性不同的原理。金属比棉织品导热快，香燃烧时发出的热刚散发到手帕上时，马上就被硬币吸收走了，因此手帕始终无法达到着火点，自然就不会燃烧了。

魔术9 "来电"的柠檬

【魔术表演程序】

1. 把铜管一头插进柠檬里头。
2. 把铁丝的一段插进柠檬的另一侧。
3. 接着把一根铜线绕在铜管上,另一根绕在铁丝上。
4. 把铜线的两端分别绕在小灯泡的连接点处,你会发现小灯泡亮了。

【科学原理】

小灯泡发光是因为柠檬汁能在两种金属之间导电。当柠檬汁碰上铜和铁两种金属后,三者起反应而产生了电流,而铜线一接通,一个闭路回路形成了,小灯泡就亮了。

魔术10 水流点灯

【魔术表演程序】

1. 用三根导线接好灯泡和电池,然后把导线的两端放入装有纯净水的杯子中,此时灯泡没有亮。
2. 向纯净水中加入一勺食盐并搅拌均匀。这时,小灯泡开始发出微弱的光。

【科学原理】

纯净水中没有杂质,是不会导电的,但一旦溶解食盐,溶液就能导电了,电路形成一个回路,所以灯泡亮了。

魔术11　会跳舞的小白兔

【魔术表演程序】

1. 把两本厚书放在桌子上，中间隔一段距离，然后把玻璃板搭在两本书上。
2. 把剪好的用薄纸画的小白兔放在玻璃板下。
3. 用绸缎子在玻璃板上不断地摩擦，下面的小白兔就开始翩翩起舞。

【科学原理】

绸缎摩擦玻璃，会使玻璃表面带上静电。静电先是吸引不带电的小白兔，使其贴到玻璃上，然后小白兔会因与玻璃带有同种电荷而被排斥，失去电荷。如此反反复复，就像是跳舞一样。

魔术12　变色圆圈

【魔术表演程序】

1. 用圆规在厚纸板上画一个圆，然后把它剪下来。
2. 把圆平均分成七等分后涂上红、橙、黄、绿、青、蓝、紫七种颜色。
3. 用剪刀在圆心处扎一个洞，然后将铅笔笔尖向下穿过圆心处的洞，转动铅笔。真奇怪，七彩圆圈竟变成了白色。

【科学原理】

当快速转动铅笔时，你的眼睛看到的不是单独的颜色，而是混合后的颜色。七种颜色的色光混合在一起恰好是白色。

第二章　打造魅力教师的策略

魔术 13　一封密信

【魔术表演程序】

1. 把面粉和水放在盘子中搅成糊状。
2. 用棉签蘸一点面粉糊在纸上写字。晾干以后，纸上的字不见了。
3. 用棉签蘸一点碘酒擦拭刚才写字的地方，字迹又重新出现了。
4. 把柠檬汁擦在字迹上，不一会儿，字又消失了。

【科学原理】

碘酒单质与淀粉发生反应，生成一种深蓝色的化合物，所以之前用面粉糊写字的地方会出现深蓝色的字。而柠檬汁中含有维生素C，维生素C与蓝色化合物会发生反应，生成碘离子，使蓝色褪色，所以字又消失了。

魔术 14　指纹再现

【魔术表演程序】

1. 在白纸上印上指纹。
2. 点燃蜡烛，使碘酒在蜡烛上方加热，直到碘酒变干，有紫红色蒸气放出。（此蒸气会刺伤眼睛，加热时要小心，切莫吸入。）
3. 将印有指纹的这面白纸对着蒸气，将看到一个清晰的棕色指纹显现。

【科学原理】

手指按到白纸上，皮肤的油脂便留在纸上。油脂在纸上的分布与指纹上的油脂分布情况相同。碘酒受热时会产生碘蒸气，而碘蒸气受冷时又会直接变成固体碘，它在油脂中极易溶解且有颜色，于是纸上就出现了棕色的指纹印迹。

魔术 15　鸡蛋里的字

【魔术表演程序】

1. 用毛笔蘸醋在生鸡蛋上写字。
2. 等醋干后，将鸡蛋放入水中煮熟。
3. 剥去蛋壳会发现蛋白上有刚才写的字迹。

【科学原理】

蛋壳的主要成分是碳酸钙，它与醋酸发生反应生成醋酸钙。一部分醋酸会穿过蛋壳和蛋清膜发生化学反应。因此，鸡蛋煮熟后，字迹就出现在蛋白上。

魔术 16　报纸复印件

【魔术表演程序】

1. 将一勺松节油、两勺水和一勺洗涤剂放在碗中调匀。
2. 用海绵蘸着调好的混合液涂在报纸上有文字和图片的地方。
3. 把一张白纸盖在涂过混合液的区域上。
4. 用勺子背面用力碾压白纸。
5. 拿起白纸，会看到报纸上的图文印在白纸上了。

【科学原理】

游戏中的混合液起了关键作用。松节油和洗涤剂混合后能产生一种感光乳液，这种乳液溶化到油墨燃料和油脂中，使得油墨燃料和油脂重新液化，报纸上的图文就被"复印"到白纸上了。

第二章 打造魅力教师的策略

魔术17 漂在水中的火焰

【魔术表演程序】

1. 先把蜡烛的底部粘贴在一元硬币上,然后把蜡烛和硬币一起放进玻璃罐中。

2. 往玻璃罐中加水,直到水面与蜡烛同高后,将蜡烛点燃。

3. 你会发现蜡烛在水中燃烧。放眼望去,好像水中漂浮着火焰。

【科学原理】

游戏中底部粘有硬币的蜡烛直立于水中且与水面同高。蜡烛点燃后,因其外壁与水接触,蜡烛燃烧的热量会很快被水吸收,使其外壁不被融化而在蜡烛四周形成一圈围篱似的防水层,使得火焰不会被浸湿,从而出现蜡烛在水中燃烧的奇景。

魔术18 能测天气的纸花

【魔术表演程序】

1. 在玻璃杯中倒入水,往里面加食盐,搅拌成浓盐水。

2. 用粉红色的纸折成一朵纸花,在纸花的每个花瓣上都涂上浓盐水。

3. 把纸花用胶水粘在吸管上,插在花瓶里。

4. 根据纸花颜色的变化,你可以知道天气情况:颜色变浅,天气会放晴;颜色变深,天气会转阴或下雨。

【科学原理】

用浓盐水浸过的纸花很容易吸收空气中的水分。晴天气压较高,空气湿度小,纸花吸收不到水分,颜色就会淡一些;阴天气压较低,空气湿度大,纸花吸收了水分后,颜色会变深一些。通过观察纸花颜色的深浅变化，就能预测未来的天气情况了。

魔术19 谁吹灭了蜡烛

【魔术表演程序】

1. 将点燃后的蜡烛固定在桌子上。
2. 将啤酒瓶放在蜡烛正前方。
3. 朝啤酒瓶用力吹口气，结果蜡烛熄灭了。

【科学原理】

从嘴里吹出的气流遇到啤酒瓶就被分开了，被分开的气流擦着瓶身过去，在啤酒瓶后重新汇合成一股气流。虽然这股气流已经被减弱了，但还是吹灭了蜡烛。

魔术20 有孔纸片托水

【魔术表演程序】

1. 在空瓶内盛满有色水。
2. 用大头针在白纸上扎许多孔。
3. 用有孔纸片盖住瓶口。
4. 用手压着纸片，将瓶倒转，使瓶口朝下。
5. 将手轻轻移开，纸片纹丝不动地盖住瓶口，而且水也未从孔中流出来。

【科学原理】

薄纸片能托起瓶中的水，是因为大气压强作用于纸片上，产生了向上的托力。小孔不会漏出水来，是因为水有表面张力，水在纸的表面形成了水的薄膜，使水不会漏出来。这如同布做的雨伞，布虽然有很多小孔，却仍然不会漏雨。

魔术21 纸杯旋转灯

【魔术表演程序】

1. 取一纸杯，在杯身对称处各剪开一个方形大口，在杯底固定上蜡烛，作为灯的底座。
2. 另一个纸杯则在杯身约等距离位置剪出三四个长方形的扇叶，在杯底中央处穿上绳子，并用牙签棒固定，作为灯的上座。
3. 将两个纸杯上下对口用胶带贴好固定。
4. 点上蜡烛，拉起绳子，看看有什么现象产生。

【科学原理】

蜡烛燃烧的时候，火焰尖端多呈朝上的方向。而空气受热会上升，然后沿着上方纸杯的扇叶口流动，因而造成旋转的现象。

魔术22 飞行的塑料袋

【魔术表演程序】

1. 打开塑料袋，倒置，将吹风机伸入塑料袋，并打开热气开关。
2. 几秒钟后，关闭吹风机并拿开。
3. 松开手，塑料袋会飘起来。

【科学原理】

热能使物体飞起来，因为热气是上升的。当空气受热并且上升时，热气便通过"对流"向上运动。热气轻且向上升，因而使塑料袋也向上升。取暖器散发的热温暖整个房间，也是借助于"对流"。

魔术 23　云的形成

【魔术表演程序】

1. 在瓶子盖上戳个洞，在洞中插入吸管，并用橡皮泥将吸管周围密封。

2. 在瓶子中倒入一些冷水，摇晃均匀，然后把水倒出来。

3. 靠近瓶口，点燃一根火柴。

4. 吹灭火柴，把冒烟的火柴扔进瓶子中，让烟进入瓶子。

5. 迅速拧紧瓶盖，通过吸管向瓶子中用力吹气。

6. 停止吹气，用手堵住吸管，使空气留在瓶中。

7. 松开吸管，当空气冲出瓶子时，瓶子中就产生了云。

【科学原理】

往瓶子中吹气，增加压力。而松开吸管后气压下降，空气变冷了。瓶子中的水蒸气附着在烟中的尘粒上，凝结成极小的水滴，许多小水滴就形成了云。

魔术 24　会走路的杯子

【魔术表演程序】

1. 把一块玻璃板放在水里浸一下。

2. 玻璃一头放在桌子上，另一头用几本书垫起来（高度约 5 厘米）。

3. 拿一个玻璃杯，杯口沾些水，倒扣在玻璃板上。

4. 用点燃的蜡烛去烧杯子的底部，玻璃杯会自己缓缓地在玻璃板上向下滑去。

【科学原理】

当烛火烧杯底时，杯内的空气渐渐发热膨胀，要往外挤，但是杯口是倒扣着的，又有一层水将杯口封闭，热空气跑不出来，只能把杯子顶起一点儿，在自身重量的作用下，杯子就自己下滑了。

魔术25 胡椒粉与食盐的分离

【魔术表演程序】

1. 将食盐与胡椒粉混合在一起后用筷子搅拌均匀。
2. 用塑料汤勺在衣服上摩擦后放在食盐与胡椒粉的上方。
3. 胡椒粉先黏附在汤勺上。
4. 将塑料汤勺稍微向下移动一下，食盐后黏附在汤勺上。

【科学原理】

胡椒粉比食盐之所以早被静电吸附，是因为它的重量比食盐轻。

（上述材料由广西幼儿师范高等专科学校赵海燕收集整理并提供）

幼儿教师要通过自创、收集加工等途径学习各种适合幼儿认知特点的魔术，这些魔术既可以激发幼儿探索的欲望，又能增强教师在幼儿面前的神秘感，增强教师及其组织的活动对幼儿的吸引力，使幼儿喜欢教师及其所带的班级。

当然，在幼儿面前进行小魔术活动与科学小实验不同，教师要有魔术师的"气质"，要有意无意地创造一种神秘的气氛，提高魔术活动的魅力。

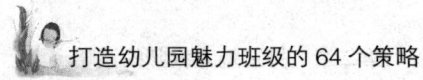

策略8 展示自己的才艺

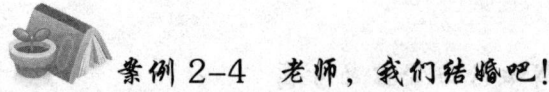

案例2-4 老师，我们结婚吧！

小阳正在和郭老师聊天，聊着聊着，小阳突然说："郭老师，我们结婚吧！"

有一次班上开圣诞晚会的时候，郭老师在舞台上跳舞，小阳看呆了，不管妈妈怎么叫他，他都不理。直到郭老师跳完舞下来，他突然"哇"的一声，然后说："我要和郭老师结婚！"

郭老师的舞姿迷倒了小阳，以至于郭老师跳舞时，小阳都看呆了……

由于郭老师有魅力，所以小阳就想和郭老师结婚，因为在他看来，这样就可以天天和郭老师在一起了。

调查表明，幼儿喜爱在才艺方面有较好表现的老师。比如，幼儿常常会说：我喜欢老师，因为老师"会弹钢琴"，"画画得好看"，"讲故事讲得好听"，"歌唱得好听"。

因此，幼儿教师要注意提高自己的才艺水平，并且找准机会，时常在小朋友面前展示自己的才艺。

1. 加强基本技能训练

自身富有才艺，是才艺展示的基础。因此，幼儿教师平时应该加强基本技能的训练，努力让自己能唱、能跳、能画、能说，并且让这些技能达

第二章 打造魅力教师的策略

到一种美的境界,展示时让幼儿有一种赏心悦目的感觉。

2. 在各种教育活动中展示自己的才艺

你可以在音乐教育活动中展示你的音乐才能和朗诵才能,在舞蹈教育活动中展示你的舞蹈才能,在美术教育活动中展示你的绘画才能和手工才能,在语言教育活动中展示你的讲故事和表演才能,在教室环境布置中展示你的美术才能,在节日活动中全方位地展示你的多才多艺……

3. 在班级网站展示自己的才艺

教师可以利用网易、新浪网、腾讯网、上海学前教育网、中国教师报网站、人民教育出版社网站等平台,建立本班博客,然后在相关专栏中设置教师才艺展示专栏,展示教师的歌声、绘画作品、摄影作品、讲故事录音、舞蹈等可以转换成影像资料的才艺,让关注教师才艺的家长、幼儿有一个随时了解教师的平台。

策略9 做些让幼儿感动的事

为了得到幼儿的喜爱,增强班级对幼儿的吸引力,教师要努力在每月、每周、每天都为幼儿做些令他们感动的事情。

要想让幼儿被感动,就要善于观察与揣摩幼儿的身心处境,在幼儿处于身心困境时,提供及时而有效的帮助和支持。

1. 给缺乏爱的幼儿一点爱

有些孩子由于种种原因,来到幼儿园后极少得到老师明确的关爱,如

果教师能关注这样的幼儿,并明确地对他们表示关爱,那么这些幼儿就很容易被打动。请看案例2-5:

案例2-5 因感受到爱而变

因工作需要,邹老师接管了大(1)班的工作。刚刚接班时,邹老师就听原班老师说,班里的宋微很古怪,在幼儿园已经两年多了,他从没说过一句话,更不用说回答问题了。

正如原班老师说的一样,每当邹老师点到宋微的名字时,他总是一声不吭,立刻趴在桌子上。而邹老师总是微笑地看着宋微,从不责怪、批评他。有一次,邹老师对小朋友们说:"下面我们来做一个游戏,我想找一个好朋友,找到的小朋友一定是我最喜欢的,好不好?"于是,邹老师和孩子们共唱《找朋友》,邹老师故意走到宋微面前,在他的额头上亲了一下,拉起他的手说:"你就是我最好的朋友。"当时,邹老师发现宋微的嘴唇有点发抖,眼里噙着泪花。

从那以后,当邹老师再喊宋微的名字时,他总是大声地回应:"到!"

宋微之所以对邹老师的言行表现出如此强烈的反应,是因为邹老师的言行代表着爱,而他平时极少得到老师的关爱,所以特别渴望得到老师的关爱。因此,教师要特别留心:班里还有哪个孩子没有得到过教师明确的关爱,如果有,那么,教师就应该通过爱的语言和动作尽快地向他们表达关爱,这样,教师就能很容易地感动很多孩子。

第二章 打造魅力教师的策略

2. 在关键时刻保护幼儿的尊严

幼儿都有较强的自尊心,在关键时刻,教师如果能用专业智慧保护幼儿的面子,往往会深深地感动幼儿。

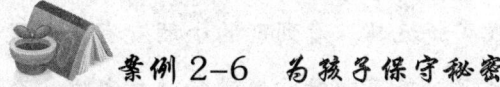

案例 2-6　为孩子保守秘密

有一次自由活动时,小茗玩得太投入了,忘了上厕所而尿湿了裤子,小朋友们纷纷告状:"小茗尿裤子了!"但为了维护自身的尊严,小茗极力掩饰,说是下雨天妈妈没把裤子晒干,不是尿裤子了。面对这种说法,贺老师不仅没有揭穿她,而且十分体谅地说:"回家要告诉妈妈,以后裤子要晾晒干,要不然小茗穿上湿湿的裤子会生病的。"于是,贺老师把小茗带回活动室,给她换上了干爽的裤子。

从此,小茗见到贺老师时总是用充满感激的目光看着贺老师。

贺老师在关键时刻为小茗"保守"了可能会让她在同伴面前失去尊严的"秘密",因此得到了小茗的感激。

3. 给自卑的幼儿一些鼓励和肯定

当幼儿因自己的某些"不足"而感到自卑失落时,教师要努力从幼儿身上寻找"闪光点",重燃他们的自信心。

 **案例 2-7　雪纯的变化**

有一次，熊浩带来了一套精美的新玩具，旁边的雪纯看到后很失落和自卑。观察仔细的王老师想："为什么雪纯会有失落感呢？喔，明白了，那天雪纯对我说，妈妈下岗了，没钱买新玩具。看到别的小朋友有了新玩具，她心里难免会失落和自卑。如果现在不立即对雪纯进行一番激励，会给她留下阴影的。"王老师马上用欣赏的口气对大家说："雪纯真懂事，不吵着要妈妈买新玩具，节约了很多钱。"接着，王老师还拿出雪纯从家里带来的用牛奶盒制成的小飞碟，夸奖她真会动脑筋、小手真灵巧。

从此以后，雪纯变得更加懂事，她和王老师的关系也更加亲密了。

4. 给胆小的孩子适当的表现机会

胆小的孩子渴望能有表现自我的机会，他们也十分渴望能在班级中发挥其应有的作用。如果教师满足了他们的这种迫切的渴望，那么教师也会得到他们的感激。

 **案例 2-8　渴望干活的晓帆**

一天早上，来园谈话后，兰老师问小朋友："谁愿意给外边的小花浇水？"小朋友们争先恐后地举起了小手。晓帆也畏畏缩缩地举起了小手。兰老师连忙抓住这次难得的机会，请她去给花儿浇水，她显得很高兴。吃午饭前，兰老师又请她收拾桌子、擦桌子……教学活动前，兰老师在大家面前表扬了她，小朋友们也为她鼓起了掌，晓帆的脸上露出了羞怯的笑

第二章 打造魅力教师的策略

容。从那以后,兰老师发现晓帆每天早上来园时,都能在远远见到兰老师时就满脸阳光地大声地喊"兰老师早上好",然后跑步奔向兰老师。

5. 在艰难时刻用爱拥抱幼儿

有时候,幼儿会由于各种外在的原因而陷入极端纠结、痛苦的时刻,此时,教师如能伸出关爱之手,定会让幼儿对其感激终生。

 **案例 2-9 终生的感激**

星期一的早晨,邢老师刚走进教室,几个小朋友一下子就围了过来,七嘴八舌地大声嚷嚷:"小聪的爸爸杀人了!小聪的爸爸是杀人犯……"原来小朋友们讲的是前天夜里发生的一起人命案,小聪的爸爸因涉嫌杀人被拘留。

邢老师环视了一下身边的孩子,还好,小聪还没来上学,不然,他又该怎样面对大家的议论呢?

邢老师示意大家安静下来,并告诉他们:"大人的事情我们不可以随便议论,小聪的爸爸被抓走了,小聪的心里一定非常难过,小朋友们应该多关心、帮助他,不能讥笑、看不起他,要让他和我们一样快乐。"孩子们懂事地点点头。这时小聪走了进来,今天,他没有问老师早,邢老师急忙走过去,只见他的眼泪在眼眶里打转。邢老师轻声地说:"没事的,没事的,和小朋友一起玩好吗?"他的眼泪哗哗地往下流:"我想爸爸!"邢老师心疼地将他搂在怀里。

是啊,在这个时候,他最需要的是老师的关爱。不久,小聪的爸爸无罪释放,家长感激地说:"要是没有老师的爱,小聪不知会怎么度过这段时间！"

现在小聪虽然已经读高中二年级了，但仍然通过多种方式在教师节时向邢老师表示感激。

我们经常听到一些幼儿教师说："幼儿园的孩子都是没记性的，出了幼儿园大门就不认识我们老师了。""幼儿园的孩子都是没心没肺的，出了幼儿园大门就不会理我们老师了。"……

我在这里想表达的是，孩子从幼儿园出去后就"不认识"、"不理"我们，这完全是因为我们在他们三年的幼儿园生活中从未让他们感动过一次！！

策略 10　让自己富有幽默感

人总是追求快乐的，因此，人总是喜欢和那些能够给自己带来快乐的人在一起。幼儿也一样，他们喜欢和那些能够给他们带来快乐的老师在一起，他们特别喜欢那些"爱搞笑"、"能搞笑"、"幽默"的老师。因此，幼儿教师要努力提高自己的"搞笑"能力。

1. 丰富自己的幽默资源

为了能够随时随地与幼儿幽上一默，幼儿教师平时要注意积累幽默资源。幼儿教师可以从各种文献、网络、影视和生活中，特别是幼儿的生活中收集适合幼儿理解的幽默、漫画、动作，可能的话还可以制成PPT，随时随地给幼儿讲或展示幽默故事、图片、动作、姿势等。

教师可以通过影视学习如何充当小丑的一些技巧，时不时穿上小丑的衣服，脸上化妆成小丑的模样，使自己完全变成另外一个人——设计一个小情节，和小朋友们一起尽情玩耍，互相追逐，玩屁股着地的坐跌动作，玩得越显愚笨越好。这种方法对于培养自己的幽默能力是很有好处的。

2. 掌握一些幽默的技术

（1）自我嘲讽

自我嘲讽就是要求教师通过极度夸张的手法来嘲讽自己的某种缺点，在幼儿面前主动贬低自己以体现教师心灵的豁达与纯净，并缩短与幼儿的心理距离。如，某幼儿教师较胖，在第一次与小朋友们见面时，她就结合手势自我介绍道："我最大的特点是胖。出门的时候，你们跟在我后面，夏天晒不着太阳，冬天吹不到冷风。怎么样，你们欢迎我这个带头人吗？"又如，某教师很矮，她就对小朋友们说："我个子不高，今后与小朋友们平起平坐，小心我会借你们的漂亮小衣服来穿。"说完她就下蹲与小朋友们比高矮。

（2）模仿

模仿就是当幼儿表现出不当的情绪或言行时，教师通过模仿依样画葫芦般地幽幼儿一默，它能有效调整幼儿的精神状态，取得出奇制胜的教育效果。比如，小班的雷蕾生病在家休养已经一段时间了，这几天刚来幼儿园，她几乎每天都哭哭啼啼的。今天，雷蕾来幼儿园时又是一副很不情愿的样子。习老师看见了，微笑着和她打招呼："雷蕾早！"可她不搭理习老师。习老师笑着对她说："习老师可喜欢雷蕾了，喜欢每天都笑嘻嘻地看着雷蕾，可雷蕾总是噘着小嘴巴，是不是这样很舒服？那习老师也噘着嘴巴给小朋友们上课吧！"说完，习老师故意学雷蕾的样子。习老师的打趣模仿使雷蕾破涕为笑，其不愉快的心情不知不觉化解于笑声之中。又如，某一个春季的下午,老师发现几个小朋友起床后懒洋洋地不断打哈欠,老师就随机幽了一默:"我们班今天来了一群小小猪八戒,睡了还要睡!"说完,老师学着猪八戒连打几个哈欠,小朋友们都乐坏了,大家的睡意全没有了,活动室里充满了快乐情绪,小朋友们的注意力又很快集中到活动中来了。再如,当小朋友们有气无力地做操时,老师同样使用了模仿的方法,让小朋友们看到了一个没精打采地做操的老师,小朋友们的精神马上得到提振,动作变得轻快而有力。

确实是这样,老师的模仿逗趣就像一面镜子,让幼儿不自觉地反省自己,明辨是非,主动调整自己的不良情绪和行为,进而快乐地接受教师的"教育"。

（3）"乱"打比方

"乱"打比方就是拿幼儿的言行进行错乱而有趣的比喻,进而产生令人愉快的幽默感。如,一个刚入园不久的小男孩在厕所门口摔倒了,老师急忙扶起他并亲切地问:"宝贝儿,你喝醉酒了吗?怎么摔倒了?"幼儿就会由难过变得开心。当遇到小朋友不小心摔倒时,老师边扶起他边对他说:"宝贝儿,你耍的杂技真精彩,小朋友们都没有看到你表演,你怎么就从钢丝上跳下来了?"这时幼儿一般都会忘记自己摔跤的疼痛,高兴得嘿嘿地笑,有可能还一边笑一边告诉别的小朋友"老师说我在耍杂技"。

（4）语言移植

语言移植就是把在某种场合中显得十分自然、和谐的情节或语言移到另一种迥然不同的场合中去,从而产生幽默的效果。如,有一天,大班小朋友在朗诵儿歌《夏天爱什么》的时候总是有气无力的、懒洋洋的,让人听了挺难受,于是,带班的卢老师模仿动画片《大力水手》中的语气说:"咦,是不是早饭没吃饱?好,吃点菠菜,来啊呜一口!"然后卢老师假

第二章 打造魅力教师的策略

装给孩子们喂菠菜,孩子们乐了,非常配合地"啊呜!啊呜"地吃着。"真好吃,吃饱了,这回有力气了!"卢老师边说边夸张地配以动作,孩子们更乐了,情绪也就高涨起来。

(5) 角色扮演

角色扮演就是教师把某种角色有趣的语言、行为、姿态、心情活灵活现地展现在幼儿面前,进而达到幽默的效果。如,在小班的歌舞表演《拔萝卜》中,某老师在示范角色动作时加入有趣的动作(如故意摔了一跤)和夸张的表情,使幼儿兴趣大增,哈哈大笑,幼儿一再要求老师再表演一遍。

又如,小朋友每次看完图书后,都是随手把图书往书架上一放,不懂得把图书的封面朝外直立摆放。看到这种情况,带班老师以"小图书"的角色拿着一本封面夹在书页中间的书对小朋友们说:"谁把我的小肚皮露在外面了?好难为情啊!"然后老师又拿着另一本小图书说:"哎呀,我站不稳,要倒下来了!"说着老师还模仿小图书因侧放站立不稳而快要倒下的样子。小朋友们一见,哈哈大笑起来。"看,每一本图书都像宝宝一样有漂亮的脸蛋(封面),它们喜欢站得直直的,瞪着大眼睛和宝宝一起学习呢!它们可不喜欢把'小屁股'(封底)对着我们喔!小图书们喜欢和宝宝一样排排队呢!"通过如此生动的表演,老师教小朋友们学会了正确有序地摆放图书,每次看完书要仔细地把书放整齐。

(6) 拟人化

拟人化就是把事物无意识的活动变成有意识的自觉运动,从而达到幽默的效果。如,当你看到小朋友们把玩具撒满一地的时候,与其用"再不收拾玩具,以后就不给你们玩玩具了"之类的语言来威胁他们,不如采用拟人化的口气对他们说"玩具宝宝怎么离家出走了?我们当小警察,赶快送他们回家吧"。虽是寥寥数语，却能把教师的教育意图巧妙地渗透在这轻松幽默的语言中，在这种情况下，幼儿一般非常乐意充当"保护神"的角色，会纷纷把玩具收拾好的。

（7）曲解法

曲解法就是对问题进行歪曲荒诞的解释，即把两种毫不相关的事物捏合在一起，进而达到幽默的效果。如，小申不小心绊了一跤，摔疼了，正咧着嘴要哭时，江老师连忙走过去，对小申说："是不是土地爷爷在跟你亲密拥抱呀？是不是土地爷爷在跟你说什么悄悄话呀？你捡到什么东西了？让我也看看。"小申的脸立刻由阴转晴，爬起来拍掉身上的灰尘就继续玩去了。

（8）夸张

夸张就是根据表达需要，对客观事物的某些方面故意进行夸张，言过其实地将后果放大或者缩小到极致，进而达到增加幽默感的效果。如，一位小班的老师在组织离园活动时，看到有些孩子想家、闷闷不乐，她就有声有色地讲了这样一个故事。有一只小白兔，在动物幼儿园里老是哭，一边哭一边喊妈妈。哭第一声，"咯崩"，掉了一颗牙；哭第二声，"咯崩"，又掉了一颗牙。哭了一会儿，牙齿"咯崩、咯崩、咯崩"全掉了。小白兔不知道满嘴里都是什么。它闭着嘴半天不敢吱声，突然"啊嚏"打了一个喷嚏，满嘴的牙齿"扑吐、扑吐"排着队全掉了出来……小朋友们凝神定气地听着，听到此处哄堂大笑。有的孩子还不自觉地摸摸自己的牙齿看看是否还在，气氛顿时活跃起来了。由于这个故事将哭的后果以极为夸张的手法表现出来，所以听故事的孩子停止了哭泣，把注意力转向爱哭的小兔子，并把自己的焦虑、抑郁投射到小兔子这一形象上，使压抑的情绪得到宣泄，心情因而变得轻松。在这样的场合，教师运用幽默的故事，达到了比使用劝慰、告诫等方式更为理想的教育效果。

再比如，一次在餐前，笔者给小朋友们讲《珍珍的故事》："有个叫珍珍的小姑娘，吃东西十分挑剔，这也不吃，那也不吃，结果变得又瘦又小又轻，被蚂蚁抬走，在运动会上比乌龟爬得还要慢，音乐会上比……"故事用对比的夸张，使小朋友们觉得十分可笑，很快便意识到挑食的坏处，在笑声中受到教育，得到了幽默的启迪。

（9）傻问

傻问就是故意向幼儿提出一些"没有道理的"问题，引发幼儿思考或者转移幼儿的注意力和情绪，进而收到幽默的效果。如，中午，有几个小朋友吃完午饭后没有去睡觉，而是在打闹，教师走过去微笑着问："你们是在进行拳击比赛吗？"那几个小朋友先是一愣，继而一阵嬉笑，去准备睡觉了。又如，有一个幼儿在语言活动中不认真听讲，随意和别人说话，老师走过去假装吃惊地说："哎哟，你的耳朵不见了，是不是忘在家里啦？"孩子下意识地去摸耳朵，然后突然醒悟过来，接着便开始认真听讲了。

随着幼儿教师幽默素养的不断提高，幽默将成为幼儿教师职业生活的一种习惯，甚至成为幼儿教师的一种生活方式，幼儿教师也将由此而成为幼儿喜欢的有超级魔力的老师。

策略 11 与幼儿建立私交

幼儿喜爱那些与他们私下有交情的老师。他们喜爱这类教师，因为"她给我糖吃"，"她给我李子吃"，"她帮我扎辫子"，"她过生日时带我去她那里玩"，"她是我的干妈妈"，"她去过我家"……因此，幼儿教师除了要注意集体教学之外，还要利用和创造一切机会与幼儿建立私人感情关系。方法如下：

- 时不时给每个幼儿送点小玩意儿做礼物。
- 在每天的离园活动中，不妨深情地对每个幼儿说"老师喜欢你，明天早上等你来幼儿园"，并配以一些亲热的动作和表情，这样，幼儿对明天来园就会有一种积极向往的心情。
- 时不时和幼儿谈一些他们私密的事情。
- 每天帮他们做点小事，如，喂药、扎辫子、梳头、穿衣服……
- 和幼儿合个影。
- 有机会去每个幼儿的家走走——不一定是为了与父母探讨教育问题，更多的是为了和幼儿建立比较亲密的私人关系。
- 每天至少要和五分之一的幼儿玩一个有趣的游戏。
- 每天帮助每个幼儿克服一个身心方面的困难。

教师要努力成为幼儿心目中有魅力的教师，让幼儿园成为幼儿所向往的天堂。

本章参考文献

[1] 蔡伟忠. 跳出传统思维的幼儿园教师实用手册 [M]. 北京：农村读物出版社，2010：7.

[2] 陈娟娟，等. 新手老师上路啰！幼儿教师入门必读 [M]. 南京：南京师范大学出版社，2003：127，145.

[3] 冈萨雷斯 – 米纳. 多元化社会中的早期教育 [M]. 徐韵，周红，等，译. 南京：江苏教育出版社，2008：109–110.

[4] 楼必生. 幼儿园教师的幽默感初探 [J]. 幼儿教育，1995（9）：10–11.

[5] 吕丹. 由"老师, 你不喜欢我"想到的 [J]. 学前教育研究, 2001（2）: 70.

[6] 莫源秋. 做幼儿喜爱的魅力教师 [M]. 北京: 中国轻工业出版社, 2010: 63-65, 207-208, 181-182.

[7] 吴晓燕, 主编. 走进童心世界: 幼儿教师优秀教育笔记集粹 [M]. 北京: 北京师范大学出版社, 2000: 2.

[8] 薛焕玉, 陈贵, 主编. 二十一世纪教育思想文献 [M]. 北京: 红旗出版社, 2007: 211-213.

[9] 叶祥元. 怎样批评更具"魅力" [J]. 中国教师, 2007（4）: 54-55.

[10] 张艳桃. 略谈三至六岁幼儿幽默意识的培养 [J]. 课程教材教学研究: 幼教研究, 2008（2）: 77-78.

第三章
打造魅力班级同伴关系的策略

我们在调查中发现,许多孩子喜欢幼儿园的重要原因就是:"在家里只能自己一个人玩,在幼儿园里有许多小朋友一起玩。"确实是这样,幼儿是喜欢群体的,他们都喜欢与同伴交往。如果幼儿园班级能创造条件满足幼儿的交往需要,让他们在班级里都能找到自己的归属感,那么,幼儿园班级就会成为幼儿向往的地方。

策略12 训练幼儿的交往技巧

教师要通过各种形式让幼儿掌握商量、合作、尊重、互惠、同理心、分享、宽容、文明礼貌、别人说话时要专注倾听、看到并欣赏别人的长处、遵守规则等交往的技巧。这些技巧的掌握,有利于幼儿从交往中获得乐趣。

1. 通过榜样示范法培养幼儿的交往技巧

幼儿是好模仿的,模仿是幼儿学习交往技巧的一个重要途径。幼儿学习交往技巧的榜样可以是教师、家长、同伴、幼儿自己、艺术作品中的角色等。成人在幼儿面前要展现出良好的交往技巧，如，教师每天要热情友好地接待幼儿及其家长，主动使用文明礼貌语言等；幼儿同伴中有良好交往行为表现时要及时给予表扬和肯定，并号召大家学习；当幼儿在与人交往中有良好表现时，教师要及时表扬并鼓励其继续发扬；平时，教师还可以通过引导幼儿观看相关的动画片、图书，或者给幼儿讲相关的故事，让幼儿从中学习交往的技巧。

案例 3-1　学会处理冲突

4 岁多的小军，聪明好动，看见同伴在一起做游戏玩得很开心，就前去观看，看见自己喜欢的玩具就一把抢过来。老师问他为什么要抢别人的玩具，他很委屈地说："我不是抢玩具，我是想和他们一起玩。"可见他的主观意识是想参与交往，但在行为上不知如何交往。一个偶然的机会，同伴用小汽车与他交换恐龙，他高兴极了，因为他最喜欢小汽车，而且这个小小的交往带给他的不仅仅是快乐，还有交往技能的启示。从那以后，小军不再去抢人家的玩具，而学会了拿一件玩具去和同伴协商交换。

小军学会了人际交往中的"协商交换技巧"，这完全是同伴的良好示范在起作用。平时，教师应该有意地为幼儿提供一些"行为榜样"，这种榜样的作用远远大于"言教"。

2. 通过专题讨论法培养幼儿的交往技巧

交往技巧的培养还可以通过专题讨论法来进行。比如，教师可以组织幼儿进行"怎样和同伴合作玩"、"别人想玩你的玩具时应该怎么办"、"你拿到同伴的玩具时该怎么说"、"你想玩别人的玩具时该怎么说"、"你无意中碰到了别人,你应该怎么说"、"别人无意中碰到了你,你应该怎么说"等专题讨论,让幼儿说出自己的想法,交流各种交往的技巧,体验交往的乐趣。

3. 通过游戏培养幼儿的交往技巧

幼儿是喜欢游戏的,游戏也是培养幼儿交往技巧的良好契机。

教师要在游戏活动中教会幼儿礼貌待人。如,请求别人帮助时要说"请",得到别人帮助后应说"谢谢",无意中碰到别人要说"对不起",接受别人道歉时应说"没关系"并原谅别人的过失。

教师要在游戏中创造幼儿与同伴交往、合作的机会,让他们在游戏中学会交往、合作。如,在组织幼儿游戏时,一定要考虑多组织一些有利于幼儿与幼儿、幼儿与教师的交往,特别是有直接接触(如手与手的接触、语言与语言的接触、思维与思维的接触)的游戏,以满足幼儿的交往需要,同时,也促进他们社会交往能力的发展。

而对于不喜欢活动、不合群的幼儿,则应考虑为他们准备一些需要几个小朋友一起才能玩得起来的玩具或游戏,使他们在与同伴的共同玩耍中得到乐趣,并为其多准备一些户外游戏的玩具,培养他们与朋友交往、互相协作的愿望和品质。

另外,教师应注意玩具对幼儿的消极影响。性格孤僻、不爱活动、沉默寡言、不合群的幼儿,如果终日迷恋于某种玩具,将使他们更加不会产生与人交往的欲望,同时也会使他们失去许多与人交往和交流的机会,因而进一步助长其孤僻、沉默寡言等不良性格的发展。

教师应利用游戏中的矛盾契机培养幼儿自己处理矛盾的能力。幼儿年龄小,可能不明白友爱、帮助、合作等词汇的含义,因此,教师不要在幼儿之间发生矛盾后简单地告诉他们要合作、谦让,而应该在活动中进行教育或在幼儿发生矛盾时通过具体事件生动形象地向他们讲明什么是友爱互助、什么是分享合作。教师还可以针对幼儿交往中可能会出现的矛盾,向幼儿提出一些问题,如"两个小朋友同时想玩一个玩具时,该怎么办"、"小朋友打你时,你该怎么办",引导幼儿归纳总结出解决矛盾的正确方法,如"两个人或大家轮流玩"、"两个人或大家一起玩"。这样做有助于幼儿平等、协商、合作等社会品质的发展。

案例 3-2 冲突是契机

小男孩洋洋很喜欢桌旁同伴的玩具飞机,于是说:"给我玩玩!"他的同伴说:"不!"洋洋想了想之后,猛地将玩具抢了过来,被抢的小朋友进行了反抗……

看到这种情形,带班老师抓住时机与幼儿讨论了"你想玩别人的玩具时该怎么办"、"别人想玩你的玩具时应该怎么办"等话题,让幼儿说出自己的想法,交流各种处理冲突的方法,从而让他们明白与同伴相处的技巧,如"要协商,不抢夺"、"要分享,不要独享"等,让他们体验到交往的乐趣。

教育的契机蕴含在幼儿参与的各种活动之中,只要我们愿意去发现、愿意去挖掘,教育的契机随时随地都有。

第三章 打造魅力班级同伴关系的策略

案例 3-3　让合作成为必然

在科学游戏"气球吃什么?"的活动中,贾老师给每个幼儿一只气球,要求他们想办法,不但要给气球充气,还要不让气球里的空气溜走。

幼儿根据经验用绳子绑。刚开始,大家想到的都是自己绑气球,结果发现,气球还没有绑紧,里面的空气就都溜走了。他们请贾老师帮忙,贾老师让小朋友们自己想办法。经过数次的失败后,有的小朋友就商量一起合作:一个抓住气球的气嘴,一个用绳子绑……

在上述活动中,幼儿不仅习得了合作的技巧,也体验到了合作的快乐和必要。

在现实中,教师应该多创造一些具有真实意义的交往问题情境,让幼儿深切地体会到学会各种交往技巧的必要性和成功交往的愉快。

策略 13　在班级中形成一种温暖的人际心理氛围

教师要让每个幼儿都能感受到班级人际关系的温暖,在这种温暖的环境里,幼儿不仅感受到了温暖,而且学会了关怀、尊重他人,懂得了感恩与分享,培养了同情心与慈悲心。

1. 培养幼儿友善的态度与行为

教师要通过各种教育手段和教育形式让幼儿学会"笑眯眯";学会说"谢谢";学会赞赏自己和他人,学会赞赏周围的一切事物;学会为自己或

别人鼓掌,为自己或别人的进步而欢呼;学会拥抱等友善行为。

要禁止消极态度和行为,如攻击性行为、乱喊乱叫、抱怨、皱眉、紧握拳头、谩骂等。

教师不妨教会幼儿多说知心姐姐卢勤的快乐人生的三句充满正能量的话:

"太好了!"

"我能行!"

"你有困难吗?我来帮助你。"

当然,老师们、园长们也要多说上述三句话。

当上述三句话时常萦绕在幼儿园、萦绕在班级时,相信每个幼儿都会感受到幼儿园里的暖意。

2. 教师要做温暖的示范

要想培养幼儿温暖的特质,教师就要具备温暖的特质。因为教师是幼儿学习的榜样,幼儿的许多言行态度都是在有意无意中跟教师学的,教师没有温暖的特质,就很难培养出具有温暖特质的幼儿。

案例 3-4 重复幼儿园的情景

有一次朋友来我家,带着他的小女儿。我们带她一起去公园。在公园里走了一会儿,小女孩说:"你们三个人站队!"我们站好队。小女孩说:"不要说话!再说话我就让你出去,蹲到厕所里。""齐步走!""不许回头!再回头就……"她高兴地大声地摆布着我们,没完没了地训斥我们。她这么小,为什么喜欢这样呢?她妈妈说,她的老师就是这样,可以说是一模

第三章 打造魅力班级同伴关系的策略

一样。

从上述案例中可以看出两点：一是，教师的言行态度对幼儿的影响是很大的；二是，小女孩的老师平时对待小朋友们并不温暖。

因此，平时教师要关爱、尊重每一个幼儿，多给幼儿以热情的支持，对待幼儿的态度要温和且充满爱意，切忌冷漠、严厉、恐吓、威胁。

 **案例 3-5　冷漠的老师**

李新入园三周了，每天早上还是要哭闹一阵。今天入园和妈妈分别后，他就一直哭喊着要妈妈，边哭边跟在贾老师后面走。

贾老师：李新，你烦不烦呀！是不是又犯病了？

李新：我要妈妈，我要妈妈！（看了贾老师一眼，继续大哭，边哭边用手指着门口，边向门口慢慢地挪去）

贾老师：李新，你给我过来！（声音高而尖）你哭吧，我就是不让你妈妈来接你！哭吧，我就是不给你开门！你怎么这么贱呢？！

李新继续大哭，边哭边比画着要出门的动作，眼睛一会儿看贾老师，一会儿看门口。

贾老师：你说你这怎么办？都三周了，还哭！你哭吧，你妈妈就是来不了！（说完推了一下李新，自己离开了）

李新站在原地继续大声哭……

贾老师冷漠、没有同情心、没有耐心，这样的老师只能让幼儿感受到幼儿园的冰冷，在这样的环境里学习生活的孩子，也就很难形成温暖的特质。

 **案例 3-6　教师的不温暖让班级成了失乐园**

我见习时的某一天，小敏的父母很晚了还没有来接小敏。我心生怜爱，本想带小敏去吃点东西，给她点安慰，谁知道带班的曲老师却大声地对我说："不能带她去！现在都几点了？！谁叫她的父母不早来接，饿死她算了！平时她的父母也总是到晚上9点多才来接，我们下班后就没别的事情做了吗？再看看她，平时一副闷葫芦样，看了就讨厌！"曲老师这么一说，我还能说什么呢？我对小敏爱莫能助，内心里颇感愧疚。

第二天小敏来幼儿园，见到是曲老师接她，小敏怎么也不肯进门，还哭闹着说自己不想来幼儿园……

当时，我就在想，内心没有些许暖意的人做了幼儿教师，只能让幼儿园变成失乐园。

我由衷地希望那些内心冰冷的老师少些再少些！

3. 让温暖从每天早晨的来园活动开始

每天早晨都应该有一个温暖的仪式：教师满脸笑容地站在班级的门口热情地迎接每一个幼儿的到来，每天先到的6个孩子和当班的老师站在班级门口热情地迎接后来的每一个幼儿，亲切热情地对每一个后来者说"欢迎你"，后来者则精神饱满地回应"谢谢"，然后满脸笑容、十分高兴地和每一个"站岗者"兴奋地快速击掌，最后回到自己的座位或站在旁边欢迎其他后来者的到来。

4. 利用具有温暖特性的文学艺术作品熏陶幼儿

文学艺术作品中有许多温暖的元素，多让幼儿看或听这类作品，有利于幼儿形成温暖的特质；相反，我们反对让幼儿过多地看或听那些充满残忍、暴力、虚伪、欺诈、冷漠无情的文学艺术作品。

5. 鼓励幼儿赞赏同伴

每周五下午，教师可抽出半个小时左右的时间在班里开展"夸夸我的好同伴"活动，让每个幼儿说一说这一周来小伙伴的进步，说说小伙伴为自己做了哪些好事、自己的感受怎么样。另外，当小朋友做了好事时，教师要鼓励幼儿由衷地赞扬小伙伴，除了通过语言外，还可以用拥抱、牵手之类的友好举动表达对小伙伴的好感。如果一个孩子经常以积极的态度来与别人交往，他就能获得同伴的好感，被同伴接受。

6. 在"特殊孩子"面前显示温暖

在班级里，要让"暖风"吹遍每一个角落，尤其要让那些生理上或心理上与众不同，或家庭有缺憾，或刚刚转园而来的小朋友感受到班级的温暖，比如，对缺乏家庭温暖的小朋友给予特别的温暖，给身体有某些缺陷的小朋友以特别的关照，对弱智的小朋友给予尊重，主动和新转来的小朋友交朋友等，让幼儿在温暖同伴的同时，也体会到班级的温暖，进而形成温暖的特质。

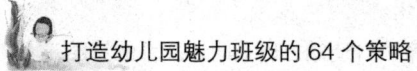

 **案例3-7 班里来了一位癫痫病患儿**

某中班第二学期转来了一位癫痫病患儿小C。小C的癫痫病时不时会在班上无规律地发作，有些孩子觉得小C癫痫病发作时的状态有点可怕，于是告诉了家长。家长们纷纷到该班老师和该园园长处提出让小C转走的申请，甚至有的家长还提出威胁：如果小C不转走，他们就将孩子转走。

园长在征求带班老师的意见后，决定让小C留下，并且努力做好家长和孩子们的工作。

小C留下了，小C在班里不仅没有受到任何歧视，而且得到了大家的充分关照，所有的小朋友都和小C成了好朋友。

幼儿园和带班老师的决定是正确的，他们让孩子们学会了关心和温暖他人，这不仅让小C向往幼儿园的生活，也让其他小朋友们发现了自己的价值，在这种温暖的氛围里，所有的幼儿都感受到了温暖，同时，也学会了温暖他人。

7. 在"特殊事件"中显示温暖

 **案例3-8 同伴生病了**

班上的丁磊小朋友身体较弱，经常生病请假。为激发班上的小朋友对丁磊的关心，谭老师设计了"慰问丁磊小朋友"的教育活动，要求全班幼儿按能力强弱，根据自己的语言能力，对丁磊小朋友说一段话或一句话，并自制一件小玩具作为慰问礼物送给丁磊小朋友。活动前，谭老师首先让

第三章 打造魅力班级同伴关系的策略

幼儿在班上互相交流，把话说完整、说连贯、说清楚："丁磊，你好点了吗？我们很想你，我折了一只飞船送给你玩"，"丁磊，我很想你，你要听医生的话，好好养病，祝你身体早日康复"，"丁磊，我可想你了，希望你不要怕吃药、打针，你一定会很快好起来的"，"丁磊，我很想你，祝你早日恢复健康，快来幼儿园，我们和你一起玩"。谭老师把幼儿一句句洋溢着对丁磊小朋友关心的话语录进磁带，并带领幼儿一起去邮局，把录音带和孩子们亲手制作的一件件玩具一起投寄给丁磊小朋友，送去全班小朋友的关爱和思念……

家长收到礼物后，打电话来激动地说："你们使孩子从小就学会了怎么付出同情和关心，也使孩子体会到了被关爱的愉悦。"从此，小朋友们更喜欢幼儿园，更加依恋谭老师和其他小朋友了。

是的，只要我们做教育的有心人，那么当某位小朋友生病、某位小朋友不慎摔倒或摔伤、某位小朋友心情不愉快、某位小朋友家中遇到较大的困难时，就是显示班级温暖力量的好时机。这不仅会令受到关爱的幼儿很感动，而且会让关爱他人者在心理上得到很大的满足。

充满温暖的班级应该是这样：

- 班里所有的人（包括幼儿和教师）的内心都是温暖的，他们在感受着温暖的同时，也给予别人温暖。
- 班里没有人因为任何原因而成为大家取笑的对象。
- 班里每一个处于身心困境的幼儿都会得到善意的帮助。
- 班里流行着一种温暖人心的做法："如果他做得好了，你就大声地告诉别人；如果他做得不好，你就只小声地告诉他自己。"

……

要让温暖成为幼儿园里的一种氛围，成为幼儿园里集体和个人的一种行为习惯，让幼儿深切地体会到：温暖了别人，也就是温暖了自己。

策略14　让每个幼儿在班级里都能找到归属感

一个对班集体有归属感的幼儿，往往能在班集体中找到自己的位置——他在班集体里往往会有被人需要、被人重视、被人接受的感觉，他会感受到自己在班集体中存在的意义和价值，他往往会为自己能为班集体、为同伴做出贡献而自信和自豪，班级也就成为他向往的地方。

如果一个孩子在幼儿园班级里没有被其他小伙伴接纳，经常受到其他小伙伴的排斥或孤立，在班集体中无法发挥其独特的作用，那么幼儿园对他来说，就不是乐园，而是地狱。

因此，教师应该努力让每个幼儿都能在班级里找到归属感。

1. 让每个幼儿在班里拥有自己的朋友圈

教师要让每个幼儿在班里都有3~5个要好的好朋友，并且组成"活动小组"——他们经常一起玩耍，一起生活，一起面对困难，每天都有一起合作的有吸引力的项目……

这些"活动小组"有自己的人员构成，有活动小组的目标、任务、活动计划等，并且每个人在这个活动小组中都能找到自己的位置，发挥自己的作用，实现自己的价值。这样，幼儿就很容易在幼儿园里找到归属感。

在小组活动中，小组成员经常为了共同的目标一起商量，一起做事。这样经常一起活动，小组成员之间也容易产生情感，成员之间容易建立朋友关系，他们对小组就有较强的归属感。调查发现，有些孩子生病了仍然坚持上幼儿园,其中的主要原因就是他们的小组当天有"活动"。

如,"养金鱼小组"虽然只养了几条金鱼,但小组成员天天要给金鱼喂食,有时还要换水,共同的活动、共同的任务、分工与合作,会增进彼此之间的了解和感情;有时,教师还可以让该组的成员向全班小朋友介绍他们的小金鱼以及他们喂养小金鱼的有趣经验……这样,小组成员不仅成就了自己,还成就了别人——让别人也学到了有益的经验。

另外,家长还可以为同一活动小组的孩子们提供一起活动交流的机会,如一起去郊游、野炊、参观等。在共同的活动中,不仅孩子们成了好朋友,家长们也成了好朋友。有好朋友在同一个班里,孩子对班级也就有了归属感,孩子在园的生活就是充实的、快乐的。

2. 让每个幼儿都有为班集体做贡献的机会

要想让幼儿对班集体有归属感,就要让幼儿在班集体中发挥其作用、实现其价值——要让每个幼儿感受到自己在班级中被需要,感受到自己能为大家做贡献,感受到自己是班集体建设的主人,而不是旁观者或看客。因此,无论是在平时的教育活动中,还是在节日活动中,或者是在以班级为单位参加的比赛活动或展示活动中,甚至在班级环境的布置中,要让每个幼儿都有参与的机会——这些活动,不应该仅仅让那些"优秀"的幼儿参加,而应该让所有的幼儿都有机会参加,这样,幼儿对班集体的认同感和归属感就会自然而然地形成。

"六一"儿童节前夕,中(2)班组织小朋友们彩排节目,小峰因口吃的毛病被排除在了一边。那一天,小峰回到家里伤心地哭了。爸爸问他为什么哭,小峰说他非常希望能像其他小朋友一样站到舞台上表演节目,可是因为有口吃的毛病,他没有这样的机会,他感到很难过。

"六一"儿童节作为全体儿童的节日,为什么就不能为有口吃毛病的孩子设计一些不需要口头语言、仅需要肢体语言就能表演的节目?这说明教师在设计节日活动内容时仍然没能达到"为了一切孩子"这一幼儿园教育的基本要求。节日活动内容的设计应该综合考虑各种幼儿的特殊需要,让每个幼儿都有机会来为大家的节日添彩。

在平时教师还应该让每个幼儿都有机会为班级或同伴提供服务,比如,轮流当值日生、值日班长,轮流当小组长,轮流给小伙伴发玩具、餐具、图书,轮流给小朋友们讲有趣的故事,轮流当领操员,等等。当然,在轮换工作前,还要对幼儿进行适当的培训,让其掌握为大家服务的本领,让幼儿从为大家提供服务的过程中获得成功的乐趣。

3. 培养幼儿的某些兴趣和特长

有一位母亲曾对孩子说:"如果你不会游泳,别人就不会邀请你到游泳池玩。"这位母亲说得很有道理。如果孩子有某方面的特长,他就可以结交更多具有共同特长和爱好的朋友,因为友谊是以共同爱好为基础的。如果某个幼儿的朋友不多,成人可以帮助他形成某一技能特长,以便他更好地融入某一群体之中。

如果幼儿有游泳、轮滑、骑自行车的特长,那么,他就会有很多与同伴交往的机会。要不然,他在同伴的众多活动中只能做个旁观者,这不利于他融入同伴之中,进而阻碍了其归属感的获得。

4. 通过游戏培养幼儿的归属感

下列游戏有利于培养幼儿对班级的归属感,在实践中我们不妨一试。

活动1 玩具需要朋友

【活动目标】

帮助幼儿学会加入游戏。

【活动资源】

玩具熊、其他可爱的玩具。

【活动过程】

告诉幼儿玩具熊今天不太高兴，它想和其他朋友谈谈，看是怎么回事。取出玩具熊的一个朋友。告诉幼儿，玩具熊经常想接管整个游戏，如果达不到目的，它就会把别人推开，破坏游戏。让幼儿向玩具熊的朋友示范如何加入游戏。此时可以提示幼儿，让儿童与玩具熊的朋友交谈，告诉它们不要拒绝其他幼儿加入。

玩具或木偶可以帮助幼儿思考如何加入别人的活动。这个活动可以由若干组幼儿一起玩，让他们理解这个口号："我们都来玩，我们不会弃你不管。"

活动2 做密室

【活动目标】

帮助幼儿培养合作精神，让他们感觉自己是集体的一员。

【活动资源】

薄板、盒子和其他能够用来做密室的东西。

【活动过程】

给各个小组或一对对的幼儿展示材料，问他们是否愿意做自己的密室、活动区或"家"。如果幼儿需要，可以给予帮助，但不能代办。做好密室后每个小组可在各自的密室里开展活动。

【活动变式】

成年人和幼儿一起玩。

做密室或做帐篷时可鼓励幼儿走到一起，因为他们有相同的目标。

活动3　你和谁同属于一个大家庭

【活动目标】

帮助幼儿以有趣的方式互相交往。

【活动资源】

有动物图像的卡片，如4只狗、4只猫、4只鸭。

【活动过程】

1. 给每个幼儿一张有动物图像的卡片。

2. 提醒幼儿这些是什么动物、它们会发出什么声音。

3. 让幼儿绕着屋子走一圈，看他们能否帮它们找个家。注意这只是一个游戏，而非竞赛活动，因为竞赛会制造障碍，幼儿会一心想"获胜"，而不是单纯地玩。

【活动变式】

把幼儿分成较大或较小的组。玩这个游戏，让"成对"的动物寻找家族的其他成员；成年人也可以和一个幼儿玩，小心地帮助他。玩一个游戏，让幼儿低声说对方的姓名并找到他。

这种传统的聚会活动可以帮助幼儿互相认识，培养一种归属感。

第三章 打造魅力班级同伴关系的策略

活动4 我喜欢的玩具

【活动目标】

扩展幼儿的经验，让幼儿体验同伴之间互相分享玩具的快乐，增进幼儿之间的友谊。

【活动资源】

每个幼儿带来一件自己最喜欢的玩具。

【活动过程】

1. 幼儿把家中自己喜欢的一件玩具带到幼儿园来。

2. 幼儿向小伙伴推介自己的玩具（介绍自己玩具的名称、功能及玩法）。

3. 交流："你最喜欢谁的玩具"、"你和小伙伴是怎样玩的"、"你把自己的玩具让给谁玩了"……让幼儿交流各种交往方法，体验交往的乐趣。

5. 培养幼儿归属感应经常追问的几个问题

为了更好地了解幼儿的归属感，我们应该时常追问如下几个问题：

- 幼儿互相知道对方的名字吗？
- 是否鼓励幼儿互相帮助？
- 幼儿是否有机会以不同规模的小组形式游戏或参加其他活动？
- 是否鼓励幼儿相互打招呼？
- 幼儿是否有一起庆祝的机会，如聚会、聚餐等？
- 每一个教育活动是否都能充分考虑到如何让每个幼儿在其中发挥积极的作用？

- 幼儿的不同特点是否都得到了大家的认可？

如果对上述问题的回答都是肯定的，那就说明教师在培养幼儿的归属感方面做得不错；如果对上述问题的回答有否定的，那么，教师在相关方面还要不断努力改进，以使幼儿对班级真正拥有归属感。

本章参考文献

[1] 莫源秋，等. 幼儿教师实用教育教学技能 [M]. 北京：中国轻工业出版社，2012：59-60，73-74.

[2] 孙瑞雪. 爱和自由：孙瑞雪幼儿教育演讲集 [M]. 天津：新蕾出版社，2004：51.

[3] 塔索尼，等. 支持特殊需要 [M]. 张凤，译. 南京：南京师范大学出版社，2009：151，153.

第四章 打造魅力班级物质环境的策略

《幼儿园教育指导纲要（试行）》中明确指出：环境是重要的教育资源，应通过环境的创设和利用，有效促进幼儿的发展。教师要特别重视物质环境的创设，特别是幼儿活动室的物质环境，因为它是幼儿与教师相互作用的重要场所，对幼儿的身心发展有直接影响。教师要积极地为幼儿创设一个丰富多彩，材料丰富且具有层次性和挑战性，富有童趣和变化，具有选择性、自由度和"家"的氛围，适合幼儿的年龄特点又真正属于幼儿并能满足他们需要的班级物质环境。一个对幼儿有魅力的班级物质环境，一个幼儿真正喜欢的班级物质环境，其环境与材料才能引起幼儿的关注和观察，才能促使幼儿积极地与环境对话；激发幼儿设计、制作、操作的行为；引发幼儿发问和思考的欲望、丰富的想象、执着的追求；诱导幼儿主动地寻求知识，增强学习的兴趣，培养良好的学习态度；促进幼儿通过自己的方式在与物质环境主动积极的相互作用中获得发展。只有这样，班级物质环境对幼儿的教育作用才能达到事半功倍的效果，充分发挥物质环境的教育功能才不会成为一句空话。

策略15 我的地盘我做主

在幼儿园一日活动中,教师要有计划地组织各项活动,同时要保证幼儿自由活动的时间。区域活动是指在一定的时间内,设置各种适宜的活动区,让幼儿按自己的兴趣和意愿选择活动内容和方式。活动区的形式可以为幼儿提供大量的活动机会,使幼儿在轻松的气氛中自由地选择自己的活动、积极主动地学习,便于幼儿的发展。教师要积极努力地为幼儿创设一个安全的,材料丰富并具有层次性、挑战性、趣味性的,卫生且富有儿童情趣的理想的物质环境,真正让幼儿按照自己的兴趣、爱好、方式自主地进行活动。

1. 提供丰富而具有层次性、挑战性、趣味性的材料

儿童的需要具有层次性、丰富性、多样性的特点,儿童的发展是不平衡的,每一个幼儿都有自己的发展速度,具有个体差异。每个幼儿的学习方式是不一样的,教师要让幼儿以自己的理解、想象、愿望去操作材料,通过自己与材料的互动获得发展。

在班级的活动区里,教师需设计、提供丰富而难易程度不同的操作材料,供能力不同的幼儿选择、操作、摆弄,材料种类之间没有固定搭配,不局限在某个区角使用,不设定统一玩法,以便幼儿大胆、有选择性地加以使用。幼儿的兴趣、学习的热点、对材料的需求等都是设计和提供活动区物质材料的依据。同时,教师要为幼儿提供未成形的半成品玩具及自然材料,鼓励幼儿摆弄、操作、创造。活动区材料一定是供幼儿使用的,一切材料要对幼儿开放,充分体现物质环境的可操作性、层次性、趣味性和

幼儿的参与性。在活动区里，要让幼儿大胆选择材料，大胆尝试操作、摆弄材料，和材料互动，和小伙伴互动，发现问题并思考解决问题，积累经验，体验成功的乐趣，促使每个幼儿在原有水平上得到发展。

2. 创设开放而宽松自由的环境，满足幼儿的自我探索

教师要给幼儿创设一个宽松、自由的心理环境，心中要有"关注每个个体"的意识。幼儿只有在自己做主的活动圈子里，在没有来自成人的压力时，才能真正体现自主性，享受到一种发自内心的快乐。在这样丰富多样的物质环境里，教师要给予幼儿充分的自主权，让他们自己选择、自己探索、自己摆弄，充分享受"我的地盘我做主"的快乐时光，满足幼儿探究、好奇、喜欢尝试动手及自主的需要。要让幼儿按自己的意愿选择活动，使幼儿的兴趣、探索、学习方式等在物质环境中得到较好的满足。选择要体现在符合幼儿兴趣的选择、学习方式的选择、能力的选择、同伴交往方式的选择上，减少统一化的成分和拘束性的规则，让幼儿在环境中能够自由，找到自己所需的东西。教师要利用活动室内外一切可利用的空间，让幼儿在宽敞的环境中自选并从事他们喜欢的"工作"。某些较大型的材料不要规定必须在某区内使用，可以让幼儿将其搬到宽敞的位置使用。教师的工作就是观察幼儿的使用情况、支持幼儿的活动，只有这样，活动区才会成为幼儿最喜欢、最向往的地方。

3. 巧用"进门卡"，保证幼儿的活动空间

在开展活动区活动时，为了保证幼儿有足够的空间，较充分地保证幼儿对材料的选择权和使用权，规避幼儿之间的摩擦冲突，每个活动区适宜进入4～5名幼儿。教师可通过设计"进门卡"巧妙地控制幼儿入区的人

数。进入该活动区时，幼儿要看一看，有位置放自己的"进门卡"时才能进入该活动区。至于进入什么区玩，要让幼儿自由选择。进入活动区后，幼儿自主选择自己喜欢的操作材料，教师要让幼儿充分按照自己的方式建构自己的活动。教师主要的工作是观察幼儿的活动，适时地给予帮助和支持。

策略 16 让幼儿成为班级环境创设的真主人

1. 幼儿是班级环境的主人

班级的物质环境是重要的教育资源，教师应通过物质环境的创设和利用，有效促进幼儿的发展。教师要树立"幼儿是班级环境的主人"的教育观念，将班级物质环境的创设视为"和幼儿一起创造充实的生活"，和幼儿、家长共同创设班级物质环境，在班级物质环境创设过程中一定要体现幼儿参与的原则。要想让幼儿与班级环境"对话"，在班级环境布置的过程中，教师就应放手让幼儿自己去讨论构思和布局，而不是代替幼儿去布置，利用班级墙壁的空间展示幼儿的生活，系统地记录幼儿的学习过程和学习结果。

案例 4-1 小班主题活动"甜蜜蜜的糖果"

小班幼儿开展主题活动"甜蜜蜜的糖果"，在主题活动开始前，教师设计了适合小班年龄特点的亲子调查表，了解了幼儿的已有经验和兴趣点。调查表的项目有"我喜欢吃的糖果"、"我见过的糖果形状"、"我最喜欢的糖果味道"、"我最喜欢吃的糖果的颜色"等，引发幼儿对活动的兴趣。教师请幼儿在生活中收集自己所见过的各种各样的糖果、糖纸、糖果图片等，带到班级与小朋友分享交流。师幼共同创设班级糖果屋，布置主题活动资料库等，随着主题活动的推进，主题环境逐渐丰富。师幼共同将幼儿在"糖果加工厂"包装的"糖果"布置成有趣的糖果树，展示小朋友们设计、制作的棒棒糖等。在整个主题环境的创设过程中，幼儿是环境创设的真主人。

2. 班级环境创设体现不同年龄幼儿的不同参与度

教师应与幼儿一起规划、设计、收集材料，布置、美化、调整、管理班级的环境，使班级环境创设体现出不同年龄幼儿在班级环境创设中的参与形式与程度不同。例如：小班的教师与幼儿共同营造一个温暖的"家"，让幼儿在"家"中感到安全、自由、有玩伴、能活动，"家"中的一些物品（如"我的一家"照片、用具、玩具）可让幼儿自己带来，对幼儿稚嫩的绘画、手工作品也不要小视，它是"家"中体现小主人特征的宝贵装饰品；到了中班，应让幼儿参与班级环境创设的整个过程，包括布置什么、怎样布置、是否要调整等，让幼儿学习自己动手实现对环境的需求与愿望，教师给以最大程度的指导、帮助；到了大班，教师应鼓励幼儿自主设计、自主动手、自主决策、自主管理班级环境创设的方方面面，班级环境的内容、形式，材料的功能、类型均由幼儿自己协商、讨论，教师予以热情的支持，与幼儿合作共创。

3. 班级环境创设中突出"趣"

幼儿是班级环境的主人，班级环境应是幼儿喜欢的，教师要努力让幼儿置身于一个充满童趣的童话世界里。班级主题环境的创设重在"趣"，教师要善于挖掘主题活动中能放大的"趣"，给幼儿打造一个充满乐趣、童趣的有魅力的主题环境。

案例 4-2　大班主题活动"我的五官"

在开展主题活动"我的五官"时，为了激发幼儿的兴趣、让幼儿更关注主题内容，教师在创设主题环境时用各种材质的纸制作了一个超级大娃娃。当我们走到班级活动室门口时，首先进入眼帘的就是一个超级大娃娃的脸，给人非常强烈的视觉感受，童趣十足。这个超级大娃娃的脸至少有活动室的二分之一宽，三分之二高，教师用绳子将它挂在活动室的入口稍后。大娃娃的五官逼真可爱，幼儿进入活动室必须从这个超级大娃娃的嘴巴里走进去。这样神奇的入口、这样的主题环境，有哪个幼儿不喜欢？在主题活动开展的过程中，教师请幼儿为自己画一个1:1的自画像，特别突出自己的五官，然后将孩子的亲笔之作贴在活动室的地板上，师幼共同制作成一条长长的、大大的班级全家福。

策略17　巧将小秘密隐藏在班级物质环境中

幼儿有条件也有能力主动与环境相互作用，教师应关注幼儿的发现学习。在打造有魅力的班级物质环境时，教师要巧将一些幼儿易于发现的、有趣并富有变化的事物隐藏在日常的班级物质环境中，等待幼儿去发现这些小秘密，让幼儿获得意外的惊喜。

第四章 打造魅力班级物质环境的策略

1. 班级盥洗室里的秘密

　　幼儿的盥洗室是一个再普通不过的地方了，也是一个容易让人忽视的地方，但只要教师有心，就可以将它打造成一个对幼儿非常有吸引力的地方。在幼儿的盥洗室里，幼儿使用的水龙头大有文章可做。每一个水龙头的形状、开关的方式都不一样，教师可以让幼儿在洗手的瞬间自己发现它们的不同之处。与水龙头对应的墙壁上的镜子的形状也不一样，有长方形、正方形、圆形、菱形、六边形等，当幼儿在照镜子时可以自己感受、发现镜子形状的不一样。教师要巧妙地将丰富的材料以不同的形式呈现给幼儿。这样的物质环境与材料能引起幼儿的关注和观察，教师则应静静等待幼儿去发现，给幼儿意外的惊喜。这种会说话的环境能让幼儿与环境充分对话，当幼儿发现了这些小秘密后，就会主动与小伙伴分享，从而产生强烈的成就感。幼儿特别喜欢和享受这种意外的收获，这样有趣、有魅力的班级物质环境能让幼儿感到无比快乐，自然而然地，幼儿会感受到洗手也是一件非常有趣的事。这样的物质环境也蕴含着激发幼儿"求得知识"的教育功能，幼儿能够按照自己的意愿，通过自己的实践活动去探索、去尝试、去寻求解决问题的办法，从而主动获得感性经验，形成自己的认知结构。

2. 只露半张"脸"的书

　　幼儿喜欢有点神秘感的物质环境，特别享受自主发现带来的乐趣和成就感。教师在设计班级书吧时，可以为幼儿设计一种特别的呈现图书的方式，让所有的图书只露出半张"脸"，让幼儿在取出书的一刹那才看到该书的庐山真面目。在享受到这样的乐趣后，幼儿对阅读的兴趣自然会大大提高，取放书会成为幼儿特别喜欢做的事情，因为幼儿特别享受从看到局部到得到整体的过程。在创设有趣的取放书的方式的同时，幼儿书吧要温馨而舒适，书吧的墙壁上可以为幼儿呈现经典童话故事的精彩画面，来引发幼儿的阅读兴趣；通风、采光要好，为幼儿营造舒适的阅读环境。

策略18　幼儿能看懂的"说明书"

1．充分发挥图标的作用，设计日常生活中的"流程图"

幼儿在园的一日活动内容本就丰富，从幼儿早上入园开始到早餐、组织户外活动、户外活动回来后的整理等各环节，教师一天都在不停地提醒幼儿要做什么，提醒幼儿一会儿做这、一会儿做那，一遍又一遍地督促幼儿，教师烦，幼儿也烦。在幼儿阶段，具体形象思维占主要地位，幼儿的思维还不能离开事物的具体形象，思维具有直觉性的特点，特别是对于年龄较小的幼儿，图标的形式能给幼儿强烈的视觉刺激，图标的直观性比教师抽象的语言更易于幼儿理解。教师可以给幼儿设计一份特别的"说明书"，让他们自己看图、理解、学习，这样会起到事半功倍的效果。而且，随着幼儿年龄的不断增长，能力越来越强的他们什么事情都喜欢自己做，"自己来"、"我能行"的意识越发强烈，不喜欢总是让教师牵着鼻子走。

一次，在幼儿进餐时，笔者把幼儿进餐时的流程以图的形式画了下来：洗手→端托盘→拿饭菜→进餐→擦嘴→收拾餐具。笔者把流程图固定在进餐区醒目的位置，孩子们对流程图非常感兴趣，每次拿饭菜时都会走过来看一看。一段时间以后，笔者惊喜地发现班上的孩子变得能干起来，不再需要老师一个劲儿地提醒、催促他们该做什么了。孩子们不仅知道自己要做什么,而且能独立地完成自己的事情。发现了这个有效方法后,笔者将一日活动中需要幼儿自理的几个环节都以流程图的形式呈现给他们,为他们制作一份看得懂的做事"说明书"。如,幼儿每天来园后在班级适当的位置可以看到这样的流程图:放书包→换运动鞋→取书读书→洗手→吃早餐。户外活动回来后呈现给孩子这样的流程图:喝水→换运动鞋→如厕→洗手→换衣服→喝豆浆等。经过长期培养,孩子们会看着图示自己主动地有序地做事情。在这样的环境里,做事不再是一种负担,而是一种自我能力的展示。幼儿越来越能干,越来越有自理能力,越来越自律,获得了强烈的成就感。就像陶行知先生所说的:强迫不如说服,命令不如志愿,被动不如自动。

2. 手工活动的"范例操作图"

手工活动是幼儿特别喜爱的活动之一,它能让幼儿充分地动手,在操作材料、工具的过程中满足幼儿探究、创造的需要。教师要转变观念,将"手把手"地教孩子使用材料转变为根据不同孩子的特点设计各种各样的操作步骤图示,先让幼儿自己看图、理解、学习,引发幼儿发问和思考的欲望、丰富的想象、执着的追求,当幼儿遇到困难时再适时地给予引导、支持。当幼儿将一份普通的、什么都不是的材料通过自己的努力变成一件成品时,会获得莫大的成就感。

策略19 让幼儿看见自己的成长

一位著名教育家曾多次讲道:"孩子需要鼓励,就如植物需要浇水一样。离开鼓励,孩子就不能生存。"可见幼儿在成长过程中是多么需要鼓励,每一次称赞和鼓励,都是对幼儿的自信心和自尊心的一次浇灌。"自信"中最重要的一点是对自我的评价,对幼儿而言,能让他们感受到自己表现特别好的一面,是激发他们积极性的最佳手段,可使他们经常获得正面的、积极的体验和成长的快乐,可使幼儿情绪饱满,有利于幼儿健康快乐地成长。

1. 能干的我

前苏联教育学家索络维契克指出:"童年时代受人喜欢的孩子,从小就觉得自己是善良聪明的,因此才受人喜爱,于是他就尽力使自己的行为名副其实而造就自己,成为有自信心的人。"教师可以在教室里辟出一块墙面,为幼儿创设一面"我成长,我快乐"的快乐成长墙,展示幼儿成长、进步的痕迹,让幼儿看得见自己的成长,使幼儿获得愉快的体验和满足感。

班级里的快乐成长墙可根据幼儿的年龄特点设计不同的内容和呈现形式。如小班的幼儿可以从吃饭好、睡觉好、学本领乖、爱交朋友等方面体现幼儿的好行为。收集班级每一个幼儿的照片并进行装饰,创设不同形状、风格各异的房子,每一所房子表示一种好行为,幼儿在哪方面表现特别好,就把他的照片放到该房子里,当幼儿逐一打开房子的大门时就能看见自己在那间房子里。有了这面快乐成长墙,小班的幼儿也会非常关注自己的行为和进步,"今天我吃饭好","今天我睡觉好"……孩子们开心地向小伙伴和爸爸妈妈报喜。根据大班幼儿的年龄特点和培养目标,为了做好幼小衔接,帮助大班幼儿养成顺利入小学所需的良好学习习惯、学习品质,教师设立的鼓励行为可以有按时来园、遵守时间、完成任务、开动脑筋、说话响亮完整、积极举手发言等,每一种颜色的花代表一种好行为,

第四章 打造魅力班级物质环境的策略

当幼儿在某方面表现特别好时就在自己的"地盘"上贴一朵该颜色的小花，每个月进行一次统计，教师进行总结。孩子们特别关注自己的进步，经常能看到一群群的孩子站在快乐成长墙前谈论自己各种颜色的花有几朵，互相"炫耀"自己的能干，享受着成长的快乐，可见鼓励对教育孩子有多么重要。正如美国教育心理学家罗斯·坎贝尔所说："每个孩子都有一定的情感需要……这种需要决定着孩子行为中的许多东西（愉悦、满足、高兴）……自然情感贮存越是充实，情绪就越高涨，行为也就越好，他才能感觉到自己处于最佳状态。"

2. 重视幼儿作品的展示

在师生共同设计、布置班级环境的过程中，教师要高度重视幼儿作品的展示，幼儿的作品应在墙饰环境中占主要地位。幼儿的作品是孩子内心世界的体现，也是他们表达自己的方式，将幼儿的作品有艺术地展示在活动室的墙壁上，能让幼儿对自己的生活环境增添一种亲切感，对所在的班级有一种家的感觉。教师要结合主题教育与季节的变化，及时更换幼儿的作品，应充分尊重幼儿的"表现"方式，引导幼儿扩充、调整与更换自己的作品。同时，教师要注重对幼儿作品的适当装饰，提高幼儿作品的艺术感，让幼儿感受到成人对其作品的尊重与重视。教师可以与幼儿共同讨论如何呈现他们的作品。孩子们自己动手布置活动室，看着墙壁上一幅幅充满童趣的图画，看到玩具架上摆放着自己制作的各种手工作品，他们会充满信心，体验到成功的乐趣。

3. 及时呈现活动室里的好样子

在日常带班中，教师要用心观察幼儿，及时发现幼儿的好行为、好做法。如，在孩子们自主阅读的时候，某孩子会轻轻地正确翻页，某孩子能专注地阅读；又如，孩子们进餐后，某孩子收拾餐具特别认真，能将碗碟里的饭粒菜渣倒到指定的地方，将碗碟分类摆放好，等等。这些好行为、好习惯，教师要看在眼里、记在心里，及时将孩子的美好瞬间拍下来，打印出照片，布置"活动室里的好样子"照片墙，展示给全班幼儿，发挥榜样的作用，让幼儿教育幼儿。教师需努力让班级里的每一个幼儿都能成为活动室里好样子的主角，这样幼儿会感到温暖又幸福，也会对班级产生家的亲切感。同时，这种榜样的力量、润物细无声的教育能收到事半功倍的效果。

策略20 倾力打造班级自由创意墙

爱画画是孩子的天性，没有一个孩子不喜欢涂涂画画，特别是从地到天、从天到地的自由作画。教师可以给幼儿创设一面玻璃或瓷砖的自由创意墙，为他们提供各色颜料及各种不同的画笔，让其在自由创意墙上无拘无束地自由创作，让幼儿成为自由创意墙的真主人，随心创作，为自己而画，想怎么画就怎么画。最好能为幼儿专门设计制作一个梯形的安全楼梯，楼梯下安装轮子，以便进行移动，这样幼儿就能站在楼梯上在高处作画，扩大了幼儿画画的空间，增强了幼儿画画的乐趣，使其个性得到了充分的发展。这种玻璃或瓷砖材质的自由创意墙是可以重复利用的，既环保又经济，这么有魅力的班级物质环境又有哪个孩子不喜欢呢？

第四章　打造魅力班级物质环境的策略

策略 21　我的私密小屋

  每个幼儿都会有一定的情绪状态，如恐惧、喜悦、委屈、愤怒等。与成人能够理智地控制情绪不同，幼儿的情绪自我控制能力较弱，有了负面的情绪就会当场发泄出来，有的幼儿有时还会情绪失控，不仅个人难受，而且影响整个班级的活动秩序。成人应该给予幼儿宣泄不良情绪的机会和场所，教师可巧妙地利用活动室的空间为幼儿创设一个"我的私密小屋"，给幼儿一个独处的空间，这也是幼儿情感的需要。私密小屋的空间要相对封闭，色彩要温馨淡雅，能让人心情平静。当幼儿有负面情绪时，教师要及时关注他，可以单独带他到私密小屋里安抚他的情绪，轻轻地拥抱他，抚摸他的身体，耐心地安慰和劝说他，引导他说出自己的委屈。这样的环境和方式更有利于幼儿在较短的时间内排解自己的不良情绪，同时又能保护幼儿的隐私和自尊。教师应温柔地制止幼儿的不良宣泄行为，告诉幼儿遇到此类情况时应该怎样想，帮助幼儿逐渐形成正确的认知和合理的思维，从而引导幼儿化解压力和负面情绪。当幼儿感受到教师的关注和爱抚，获得了安全感时，心情就会慢慢平静下来。

  幼儿喜欢有自己的私密空间，讨厌成人过多的干预。给幼儿一个温馨的独处空间，让他们能与自己的小伙伴在属于他们的小空间里快乐自由地玩耍、交流，无拘无束、自由自在，让他们自由享受属于自己的时光和空间，这样的地方孩子们怎能不喜欢？！

策略22　班级百宝箱

班级百宝箱，顾名思义，就是给幼儿存储开展创造活动所需的各种材料的储物箱，为幼儿创作作品、开展操作活动提供材料上的支持和选择。教师可以在班级里设立一个百宝箱，幼儿是百宝箱的主人。教师可以积极发动家长、幼儿一起参加废旧材料的收集。如平日里购物所得的各种干净的纸袋、各类盒子、家里用过的准备丢弃的各种包装盒等，可以请幼儿将其收集到班级的百宝箱里，培养幼儿做生活的有心人。百宝箱能为幼儿开展各种创作活动提供丰富的材料支持，激发幼儿收集、设计、制作、操作的行为，让幼儿将一堆看似没有生命的材料用自己的思维、情感与能力化为具有多层意义、多种功能、多种变化的生动的作品，点燃幼儿创造的智慧。只有这样，幼儿才不会成为成品玩具的奴隶。低结构化的材料对幼儿来说更有吸引力，它可以让幼儿按自己的想法、方式来摆弄、结合、创造。

策略23　让幼儿惦记的班级自然角

亲近自然是幼儿的天性，班级自然角是幼儿了解自然知识的窗口，它为幼儿提供了天天接触、长期观察、亲自管理、动手操作的活动场所。在班级自然角里，孩子们会为自己种下的种子发了芽而感到喜悦和骄傲，也会因为自己的种养方法不对、关心不够而让花草枯死而难过。在这样的过程中，孩子们了解了生命的意义、生长的过程，萌发了尊重生命的情感，同时增长了知识、开阔了视野、激发了好奇心。教师要为幼儿创设有趣味、有观察、有操作的自然角，让幼儿触摸、认知、观察、探索，激起幼儿参与的积极性。班级自然角该如何创设，才能成为一个让幼儿惦记的地方、一个对幼儿有魅力的地方呢？

1. 巧妙利用空间创设班级自然角

教师要从班级的实际空间环境出发，利用活动室室内、走廊、阳台等地方创设自然角，自然角应设置在便于幼儿观察的视线范围内。阶梯式的架子比较科学，有层次、可分类，也比较美观。也可以充分利用空间、墙面，创设平面、立体的自然角。

2. 班级自然角内容的选择攻略

（1）要生活化，重视幼儿的参与

班级自然角里的动植物绝大部分应该是幼儿从家里带来的，是幼儿所熟悉的，这样既给幼儿园增添了家的氛围，又使幼儿对自然角有亲切感，幼儿在照顾自己的动植物的过程中更能强化责任感。教师要用心观察幼儿，仔细聆听他们的心声，了解幼儿在各阶段关注的内容，投放他们感兴趣的东西，调动幼儿的主动性，让他们真正参与其中。

一天吃午餐时，孩子们正埋头享受着美味的午餐，突然，一声大叫打破了活动室的安静。原来，有一个孩子吃饭时发现青菜里有一条小虫子，他的一声大叫"青菜里有小虫子"顿时引起了全班幼儿的骚动，大家争先恐后地想一睹这条青菜虫的模样，这顿午饭，孩子们无法安静地进餐，他们热烈地讨论着有关青菜虫的问题。接下来的几天里，孩子们对青菜虫特别感兴趣，都在讨论哪些青菜会长虫、青菜虫都长得一样吗、青菜虫可怕吗……为了满足幼儿的好奇心和求知欲，教师想尽办法从农民的菜地里找

来了一棵容易长菜虫的卷心菜种在班级的自然角里，这一段时间孩子们在自然角里重点观察这棵卷心菜，看看它什么时候会长出虫子、虫子长什么样，教师还鼓励幼儿勇敢地帮卷心菜捉虫子。孩子们每天争先恐后地来到自然角里，认真地观察，细心地找虫子，当发现有菜虫时，孩子们兴奋得不得了，比吃冰激凌还开心。一些勇敢的孩子还大胆地为卷心菜捉虫子呢！孩子们每天都惦记着这棵卷心菜。在这个过程中，幼儿不仅增长了知识，还收获了很多生活的乐趣。越是从幼儿的身边发现的有趣事物和能让他们参与的物质环境，对幼儿的吸引力就越大，他们就越愿意全身心地投入，越能体验到成功的喜悦。

（2）要适应不同年龄幼儿身心发展的需要

幼儿的身心发展存在着年龄的差异，班级自然角的物质环境创设要适应不同年龄幼儿身心发展的需要，根据幼儿的认知水平选用合适的内容和材料。如，小班幼儿年龄小，能力较差，自然角的动植物品种不宜过多，以直观、常见、典型为主；种植类宜选择生长变化快、易观察的植物，如玻璃瓶中种子的发芽生长。中、大班班级自然角的动植物品种可以丰富一些，以适宜观察的、生长周期稍长的动植物为主，如小蝌蚪、蚕宝宝和根茎类的植物等。

（3）要与主题教学同步

班级自然角的内容还应与主题教学同步。如在实施主题活动"有趣的昆虫"时，班级自然角可以陈列幼儿与家长捕捉到的昆虫，让幼儿进行观察。也可根据季节特点来选择内容。如，在春季，天气转暖，万物复苏，比较适合做一些种子的发芽实验，栽培春季常见的、易成活的植物等。

第四章 打造魅力班级物质环境的策略

3. 为幼儿参与自然角的活动提供时间保证

设置班级自然角的目的就是让幼儿参与其中,获得知识,获得体验,获得乐趣。教师首先要保证幼儿有观察的时间。原则上,在不影响正常活动的前提下,可允许幼儿个别、结伴、分组适时地观察,主要由教师集中安排观察时间,一般安排在入园时和餐后。刚入园的幼儿比较关注"过了一夜,它有变化吗",而且晨间幼儿陆续来园,不会造成拥挤。餐后也是同样的状况,幼儿先后吃完饭,观察不会拥挤,也让过渡环节变得井然有序。其次,要保证幼儿有管理的时间。对自然角的管理应有始有终,一般日常管理与观察同步。在小班,以教师管理为主,逐步让幼儿参与管理。中、大班幼儿则在教师的指导下管理,小组种植的由种植人进行管理,其他的由值日生轮流照管。节假日时教师可让幼儿带回家照管,假日过后再带过来,使幼儿学会简单的养植知识,培养任务意识。

4. 班级自然角里的巧记录

适当地记录能让幼儿的观察留下痕迹。教师要引导幼儿做好观察记录,并提供适宜幼儿年龄特点的记录方式。如,小班的幼儿在种养植物时会给其浇水,如何让小班的幼儿进行有效的记录,而不让幼儿的记录成为一种摆设呢?教师可以创设立体的幼儿记录墙,每个幼儿的照片后是他们种养的植物照片,如今天他给该植物浇水了就可以在插槽里插上一滴小水滴。中、大班幼儿可逐步过渡到人手一本观察记录本,每次只记录一个品种,一有变化就进行记录,观察时就可以记录。幼儿记录的对象一般是动态的、有变化过程的动植物,如蝌蚪变青蛙、蚕结茧、种子发芽等,而静态的、成品类、观赏类、没有过程变化的则无须记录。

策略 24　我喜欢在这里睡觉

幼儿有好的睡眠，才会有好的身体。他们每天在园都有 2 小时左右的午睡时间。如何为幼儿创设有魅力的午睡环境，为幼儿打造一个安静、舒适、整洁的睡眠环境，让他们能够在幼儿园里度过温馨、快乐的午睡时间，是值得我们幼教工作者思考和关注的一个问题。

1. 营造温馨的睡觉房

班级的睡觉房要有良好的通风条件，保证室内有充足的新鲜空气容量。墙壁的颜色以暖色调为主，可采用淡淡的黄或浅浅的粉红，给人温馨淡雅的舒适感觉。墙面要干净，不要有过多的装饰物，以免引起幼儿的小兴奋。窗帘的图案应卡通可爱、色彩清新，要配备有较好的遮光布，以免因光线过亮而导致幼儿较难入睡。这样一个温馨、舒适、整洁的睡觉房，能让幼儿午睡时有愉快的心情。

2. 体验不同款式的儿童床

幼儿园里的儿童床最好不要全园都统一款式，可以根据幼儿年龄特点的不同而设计不同款式和造型的儿童床，让幼儿在不同年龄段能体验到不一样的儿童床。如，小班的幼儿特别喜欢形象的、富有童趣的事物，给他们提供的儿童床可以是造型可爱的汽车床，让他们觉得自己仿佛是睡在小汽车里，这对他们来说是一件多么有意思的事情啊！中班的幼儿可尝试体验 4 人一组的抽屉床，每个孩子睡在一个大大的"抽屉"里，还可以像爬台阶一样爬上床。大班的幼儿可以睡单独的小床或 2 人一组的柜子床等。

这么别致、多样、有趣的儿童床让幼儿感受到幼儿园的生活是多么丰富多彩、午睡是多么有意思的一件事情，使睡觉房成为幼儿向往的一个地方。

3. 自由选择床位和同伴

幼儿喜欢富有变化的生活，喜欢与自己中意的玩伴在一起。在安排幼儿午睡的床位时，不要以教师为中心、站在教师的角度来安排幼儿的位置。午睡是幼儿自己的事情，教师应该放手，让幼儿自己选择床位，让幼儿有机会与自己喜欢的好朋友睡在一起。床位可以每个月选择一次，以满足全班幼儿的需要。

第五章 打造魅力班级生活活动的策略

生活活动是幼儿在园一日活动的主要内容之一,它主要包括盥洗环节、进餐环节、如厕环节、喝水环节及午睡环节。幼儿在园一日活动中,其生活活动所占的时间较多。有魅力的生活活动,不仅能激起幼儿对幼儿园生活、学习的期盼,也能更好地满足幼儿最基本的生理需要,对幼儿良好习惯的养成及个性的形成都起着重要的作用。

第一节 打造充满魅力的盥洗活动

幼儿在园的盥洗活动主要包括洗手、漱口、洗脸及梳头等活动。养成良好的盥洗习惯,是幼儿身体健康的保障。一直以来,盥洗室由于经常远离教师的控制而受到幼儿的喜爱,孩子们经常在盥洗室里聊天、玩水,但真正主动洗手、漱口及洗脸的孩子并不多。很多孩子饭后到盥洗室晃一圈,纯粹是为了聊天;有些孩子几秒钟就洗完手,甚至手上还留有肥皂泡;有些孩子拿起毛巾胡乱一擦,匆匆就走。因此,教师要通过多种途径、多种方式，打造充满魅力的盥洗活动，让幼儿真正爱上盥洗。

策略 25　投放多样的盥洗用品，让盥洗环节变得有趣

相对于教室而言，在盥洗室玩更不容易引起教师的注意，加上幼儿天性爱玩水，因此，幼儿很喜欢上盥洗室，而且在其间玩得不亦乐乎，教师不督促，就不会回来，甚至把教师提出的洗手、洗脸等要求抛诸脑后。

1. 投放多样化的肥皂，让幼儿爱上洗手

案例 5-1　肥皂的吸引力

王老师无奈地发现，孩子们经常在盥洗室聊天，从不主动洗手，在老师的催促下，往往也是敷衍了事。该如何让孩子们愿意洗手？王老师为此苦苦思索。这天，王老师买来了粉红色、黄色、绿色、橙色的肥皂及相应颜色的肥皂盒，放置于盥洗室里。

到了洗手环节，王老师来到盥洗室门口，发现很多小朋友在洗手池前好奇地拿起这些五颜六色的肥皂往自己的小手上抹，并不停地搓出泡泡来。一个小女孩洗完手后，转身看见了王老师，她举起自己的双手："王老师，闻闻，我手上有草莓的味道！"王老师弯下腰，吸了吸鼻子："嗯，真的是草莓的味道！"其他孩子马上围过来："老师，你也闻闻我的手，我的味道不一样！"

幼儿往往容易受到环境中新奇刺激的影响，为此教师投放了颜色不一样的肥皂，马上引起了幼儿的注意，提高了幼儿使用这些肥皂的积极性。除了投放不同颜色的肥皂，还可以投放各种不同形状的肥皂，引发幼儿对

洗手的关注。

当然，这种外部刺激带来的影响是不会长久的，单纯地依赖于新奇肥皂的投放来激起幼儿洗手的主动性是不现实的。为此，教师应引导幼儿体验洗手后的快乐，让他们体验到洗手环节的成就感，成就感的获得才能真正激发幼儿洗手的积极性。

2. 投放多样化的梳子，让幼儿喜欢梳头

案例 5-2　备受关注的梳子

考虑到幼儿起床后的需要，教师在盥洗室内放置了一面穿衣镜，在镜子前放置了一把梳子，方便幼儿边梳头边照镜子。但是，镜子前经常是冷冷清清的，孩子们经常忘记梳头。

这一天，教师在镜子前摆放了各种各样的梳子，有木梳、牛角梳、羊角梳、塑料梳等，梳子的形状也各式各样。没想到，从这以后，每次一起床，很多小朋友就主动来到镜子前，选择自己喜欢的梳子梳头。

在盥洗环节，教师丰富了幼儿梳头的工具，马上吸引了幼儿对梳头的关注，这是因为新奇的梳子带给了幼儿新的吸引力。

策略 26　开辟"休闲区"，让盥洗室充满吸引力

1. 在盥洗室增设"休闲吧"

在日常生活学习中，教师更多的是关注教室内的常规，与教室比邻的

楼道或走廊也常受到教师的关注。幼儿在这些地方玩耍易被老师发现，甚至是批评。因此，很多幼儿把活动移向盥洗室。可以说，在一定程度上，盥洗室成为幼儿自我放松的场所。

因此，教师可以把盥洗室变成幼儿真正的休闲区。若盥洗室面积较大，教师可以在盥洗室的角落设置一个"休闲吧"，即创设一个类似展台之处，展示与盥洗有关的文化。如某班级在盥洗室内创设了"纸张展览"区，在该区展示着各种各样的纸张，并通过简单、通俗的方式展示纸张的制作、纸张的发展演变过程等。孩子们进入盥洗室盥洗后，可以到展台前逗留，关注自己感兴趣的内容，这样就把盥洗室变成了幼儿真正的休闲区。

2. 在盥洗室附近增设"等候区"

在一日活动中，总会有若干次集体盥洗的环节，如活动结束后、进餐前。由于等待人数过多，等待时间无疑会过长，从而导致幼儿对该环节的抵触或排斥心理。因此，教师可以在盥洗室的周围创设"等候区"，在该区摆放一些椅子或沙发，并放置一些玩具、图书等。当等待盥洗的幼儿人数过多时，幼儿可以在"等候区"看书、玩玩具、聊天等，减少幼儿等候盥洗的排斥心理。

策略 27 满足幼儿的成就需要

即使学会了正确的盥洗方法，很多幼儿对盥洗仍然是敷衍了事。要让幼儿喜欢上盥洗活动，单靠教师一味的表扬或是仅凭盥洗工具的多样化呈现，是不够的。只有满足幼儿的成就需要，才能激发其盥洗的积极性，使

第五章 打造魅力班级生活活动的策略

幼儿喜欢盥洗。

1. 大手教小手活动，满足幼儿的成就需要

在盥洗环节，可以鼓励中、大班幼儿当哥哥、姐姐，到小班帮助教师检查弟弟妹妹们的洗手情况，把小班幼儿洗手中存在的问题抛出来讨论——"如何帮助弟弟妹妹洗手"，并鼓励中、大班幼儿亲自手把手地教弟弟妹妹洗手。为了在弟弟妹妹面前树立威信，这些中、大班幼儿自然也会认认真真地洗手，同时也满足了他们的自尊及成就感的需要，激发了他们主动洗手的积极性。

2. 以表扬信满足幼儿的成就需要

当幼儿去小班帮助弟弟妹妹洗手，并能较好地完成任务时，教师可以联合小班的教师，给这些大班的幼儿送表扬信，通过表扬信的方式，让幼儿体验帮助弟弟妹妹后的成就感与自豪感。

案例 5-3　我们以后还要去小班做小老师

这天，应小（1）班杜老师的邀请，大（1）班的李老师带着本班的孩子来到小（1）班，让他们教小班的弟弟妹妹洗手。由于是第一次做"小老师"，大（1）班的孩子们可开心了，他们每人带着一个弟弟或妹妹，认真地教他们洗手。时间过得真快，转眼间就到了活动结束的时间，大（1）班的小朋友们回到班上后，还不停地谈论着刚才自己是如何帮助弟弟妹妹的，甚至有孩子不停地问："老师，我们什么时候再去教弟弟妹妹？"老师微微一笑："还有机会的，但作为小班弟弟妹妹的小老师，你们自己是不是

也要主动洗手，并把手洗得干干净净的呢？"孩子们兴奋地点着头，有些则是不好意思地低下了头。

第二天，小（1）班的杜老师来到大（1）班："大（1）班的小朋友们，小（1）班的弟弟妹妹给你们写了一封感谢信，感谢你们昨天教他们洗手。"大（1）班的孩子们马上沸腾起来："真的？真的？"杜老师笑了笑："是真的，弟弟妹妹们不会写字，是他们说，我来帮他们写的！"大（1）班的幼儿开心地笑了："老师，老师，给我们看看！我们以后还要去小班做小老师！"

在上述案例中，教师利用了表扬信，肯定了幼儿在"大带小"活动中的付出，这带给了大班幼儿极大的鼓舞。老师提出："但作为小班弟弟妹妹的小老师，你们自己是不是也要主动洗手，并把手洗得干干净净的呢？"这使幼儿开始关注自己洗手习惯的正确与否。外班教师及弟弟妹妹的肯定，其威力甚至超过了本班教师的表扬，因此，很多幼儿提出"我们以后还要去小班做小老师"。

3. 学会赞赏，满足幼儿的成就需要

幼儿在盥洗活动中经常出现违规行为，若教师一味地批评幼儿，不仅不能减少幼儿的违规行为，反而容易导致幼儿对盥洗环节的抵触心理。因此，教师不仅要宽容地看待幼儿的违规行为，还要学会关注幼儿在盥洗活动中的进步，给予及时的赞赏，满足幼儿的成就需要。如，当幼儿把手洗得很干净时，可以大方地肯定——"今天，你的小手洗得真干净"；当幼儿记得主动去洗手时，可以给予幼儿一个肯定的眼神或鼓励的微笑；当幼儿能有序地等待时，给予他一个鼓励的拥抱……

幼儿盥洗兴趣的激发不是一朝一夕就能实现的，这是一个长期的过

程。因此，不仅教师要给予幼儿赞赏，家长也需要注意在幼儿盥洗过程中及时给予孩子肯定。这就需要教师关注家长工作，引导家长关注幼儿在家里的盥洗行为，并及时发现孩子的进步，给予鼓励和肯定。

策略 28 巧设玩水区，弥补盥洗时不能玩水的遗憾

幼儿在洗手活动中经常出现的违规行为大多和玩水有关，如幼儿很喜欢抹肥皂后吹泡泡，把水放进洗手液的瓶子里，然后看着泡泡被挤出来，往镜子上泼水，看着水在光滑的镜面上流下来，留下一条条痕迹，等等。但很多时候，教师无法容忍幼儿的违规行为而不时地批评或惩罚幼儿，这只会导致幼儿在教师看不见时偷偷玩水，或者幼儿由于无法玩水而对盥洗活动敷衍了事。

1. 增设班级玩水区，满足幼儿的玩水需要

的确，幼儿很喜欢上盥洗室，而且在里面玩得不亦乐乎。这不只是因为盥洗室里教师的管理与监督行为相对要少，也是因为在盥洗室里可以玩水，能满足幼儿的需要。若教师一味地强硬制止幼儿玩水，虽然减少了幼儿的违规行为，但也剥夺了盥洗环节的乐趣，更谈不上让幼儿爱上盥洗了。

因此，教师可增设玩水区，在玩水区内放置玩水枪、肥皂、漏斗等物品。幼儿可以在玩水区用肥皂吹泡泡，可以用各种容器盛水，可以在玩水区探索不同物体的沉浮状态等，以弥补盥洗时不能玩水的遗憾。

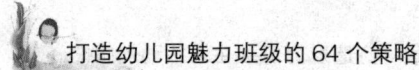

2. 利用幼儿园戏水区，满足幼儿的玩水需要

教师也可以利用幼儿园的戏水区满足幼儿的玩水需要。教师可在幼儿园的戏水区放置各种戏水玩具和材料，让每个幼儿都能尽享玩水的快乐。可以说，如果每个幼儿都能玩水并从中体验到快乐的话，盥洗环节的违规行为自然就会减少，幼儿盥洗的积极性无疑也会提高。

策略 29　帮助幼儿消除盥洗环节的畏寒心理

随着冬季的来临，水温越来越低，很多幼儿由于怕冷而抗拒盥洗，因此，教师要帮助幼儿消除畏寒心理。

1. 榜样示范，消除幼儿的畏寒心理

教师是幼儿心目中的权威，教师的言行举止对幼儿有着极大的影响。因此，教师可以通过自身的榜样作用引导幼儿克服盥洗环节的畏寒心理。

案例 5-4　教师的影响

冬天到了，黄老师无奈地发现，幼儿到了盥洗室后，大多是晃了一圈就出来，很多小朋友的手和脸还是干干的。这一天，黄老师夹着一个亮晶晶的发夹来到班上。豆豆悄悄地对旁边的小伙伴说："明天，我也让妈妈买这样的发夹！"听到了豆豆的话，黄老师忽然有了想法。看着保育老师提着早餐来到班上，黄老师随即喊道："要吃早餐了！我要洗手！"在孩子们的关注下，黄老师来到洗手池旁，把手洗干净后放到嘴边呵了呵气："啊，

第五章　打造魅力班级生活活动的策略

凉凉的！不过，不算非常冷，还不错！"然后黄老师笑眯眯地走到一旁擦手。看着黄老师的举动，很多孩子也来到洗手池旁洗手："是啊，凉凉的！不是非常冷！"

在上述案例中，黄老师夹着一个亮晶晶的发夹来上班，随即引起了幼儿的关注："明天，我也让妈妈买这样的发夹！"想到教师自身的言行举止对幼儿的影响力，教师果断地洗手，用语言暗示幼儿"凉凉的！不过，不算非常冷"，看到教师的举动，幼儿果然勇敢地去洗手，并承认"不是非常冷"。

2. 调节冬季盥洗水温，消除幼儿的畏寒心理

水温变冷导致很多幼儿对盥洗存有畏寒心理。因此，教师可以在盥洗室的一角放置保温桶，内装温水，以供幼儿盥洗用。但是，要注意在保温桶的下面放一个盆子，以免洗手时水洒在地上，同时要注意教育幼儿节约用水。

第二节　打造充满魅力的进餐活动

进餐活动也是幼儿在园的主要生活活动之一，进餐活动满足了幼儿的营养需要，是幼儿身体发育的保障，同时也能培养幼儿良好的进餐习惯。但是，部分幼儿由于吃得慢、饭量小等原因，害怕在幼儿园进餐。因此，教师要打造充满魅力的进餐活动，让幼儿感受到进餐的快乐。

策略 30　创设温馨的进餐环境，让幼儿享受进餐

1. 餐前不批评幼儿

进餐环节应该是休闲而享受的，这也离不开温馨的进餐环境的创设。和其他环节一样，进餐前，幼儿往往也会由于各种各样的原因而出现各种违规行为。比如：有的幼儿打了人，做错了事；有些幼儿为了早点拿到饭菜而推别人；有些幼儿高声喧哗，等等。为了让幼儿愉快地进餐，教师最好不要在进餐前处理问题或批评幼儿，以免影响幼儿的食欲。

2. 不催促幼儿

幼儿进餐慢是一个普遍的现象。因此，在幼儿园里，我们经常见到这样的情景：幼儿慢慢地吃，而老师焦急地催——"快点！快点！怎么吃那么慢"，甚至是恐吓幼儿："哪个吃不快的，等会儿送他去小小班！"试想，在这种充满催促的环境中，幼儿如何会爱上进餐？因此，在幼儿进餐时，教师不应催促幼儿，而要创设一个温馨的进餐环境。

3. 带着微笑指导幼儿进餐

在幼儿进餐时，教师应面带微笑指导幼儿进餐，教师的微笑无疑是安抚幼儿进餐情绪的良药。幼儿在进餐过程中看到教师的微笑，不仅能让他们心情愉悦，也能减轻"弱势幼儿"的紧张感。

策略 31 多管齐下，激发幼儿的食欲

1. 教师用夸张的表情激起幼儿的食欲

在分发饭菜前，教师可以为幼儿介绍当餐的食物，夸张地表现自己对食物的欲望，如："今天有芙蓉蛋、红烧排骨，有绿油油的生菜！好香啊！我都流口水了！"教师夸张的表情会让幼儿觉得"今天的饭菜真的很香"。

2. 让幼儿自己动手，激发食欲

许多幼儿园都有种植角，教师可以让幼儿在种植角种上一些蔬菜，等蔬菜成熟时，带领幼儿采摘、清洗，送到饭堂让工作人员加工后一起品尝。这样的尝试能让幼儿养成爱劳动的习惯，当面对自己的劳动成果时，幼儿的食欲也更容易被激发出来。

3. 利用食物的色、香、味、形激发幼儿的食欲

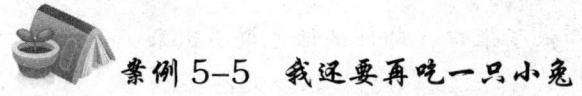

案例 5-5 我还要再吃一只小兔子

今天早餐吃的是馒头、紫米粥，桌子上摆放着各种小动物造型的馒头，而小朋友们更是兴奋，他们拿到自己喜欢的馒头，津津有味地吃着。小玉低着头猛吃，老师走过去轻轻地提醒："小玉，慢点吃。"小玉咽下嘴里的馒头，摇摇头："不行，要吃快点，我还要再吃一只小兔子，吃慢了就没有了！"老师笑了笑："放心，厨房里还有很多馒头。"小玉这才放心了。

幼儿平时吃的馒头大多是椭圆形或长方形的，当天，厨房工作人员把馒头捏成了各种小动物的造型，引起了孩子们的关注。他们不仅津津有味地吃着，甚至担心自己吃慢了，自己喜欢的馒头会被其他小伙伴吃光。

可见，食物的外形、颜色等外在因素在很大程度上也能激发幼儿的食欲，因此，在烹饪幼儿的食物时，注意颜色的搭配、味道的调配及食物的形状是有必要的。

策略 32　做个有心人，满足幼儿的个别需要

1. 允许幼儿按量进食

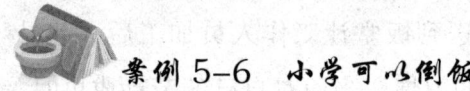

案例 5-6　小学可以倒饭

转眼间，牛牛从幼儿园毕业了，进入小学一年级学习。这天，牛牛在路上遇到幼儿园的陈老师。陈老师很高兴，和牛牛聊了起来："牛牛，是小学好，还是幼儿园好？"牛牛不假思索地回答："小学好！在小学吃饭，吃不完的话，可以倒饭！"陈老师张了张口，却什么话也说不出来……

在幼儿园里，进餐环节的确是让部分幼儿备感难受，这些孩子本身饭量就不大，因此教师统一规定的饭量对他们而言就无疑成了负担。他们再怎么努力地吃，都不可能把老师分发给自己的饭菜吃完。因此，才出现了上述案例中牛牛的评价——"小学好！在小学吃饭，吃不完的话，可以倒饭"。这无疑也给教师带来了启发：不要让吃饭变成幼儿的负担，要允许幼儿按量进食。对于饭量小的幼儿，教师要做到心中有数，在分发饭菜时

第五章 打造魅力班级生活活动的策略

区别对待，允许部分幼儿少吃点。

2. 耐心地等待吃得慢的幼儿

在幼儿园里，幼儿进餐慢是很多教师遇到的问题，也是一个尴尬的话题。因此，对这样的孩子不能催促，还是应该要求他们细嚼慢咽、独立进餐。在分发饭菜时，可以让他们先上来取饭菜。教师在为他们分发饭菜时要少盛多添，每次盛的饭量都很少，当幼儿吃完后，教师马上给予表扬："呀，你今天有进步，一下子就吃完了，再来一碗，好吗？"当家长来接孩子时，我们可能就常常听到幼儿这样反馈："妈妈，今天我吃了三碗，老师表扬了我！"这样的做法使这些吃得慢的孩子也能体验到快乐。

此外，当其他幼儿都吃完了时，我们可以安慰这些吃得慢的孩子："没关系，其他小朋友先去进行其他活动，你们慢慢吃，老师边收拾教室边等你们。"这样可以消除幼儿的恐惧心理，让进餐变得愉快而轻松。

3. 关心表现异常的幼儿的需要

案例5-7 我今天中午不想吃饭

到了吃午饭的时间，分发好饭菜后，吴老师忽然发现小威捧着小碗发呆。吴老师愣了一下，百思不得其解：小威平时饭量较大，每次拿到饭菜后，都是迫不急待地吃起来，今天是怎么回事？吴老师蹲到小威的身边，摸摸他的额头："小威，你哪里不舒服？"小威摇摇头："没有不舒服。"吴老师又关心地问道："那你为什么不吃饭？"小威不说话，低下头吃饭了。于是，吴老师放心地去看其他孩子了。

不知不觉，午餐时间快结束了，吴老师忽然发现小威的碗里还剩很多饭菜，而小威却在不停地搅拌着碗里的饭菜。吴老师急忙走过去："小威，今天你为什么吃得这么少？是心情不好吗？能和老师聊聊吗？"小威还是摇头："我不饿，今天中午不想吃饭。"吴老师想了想："好吧，你能吃多少就吃多少，下午起床后有点心的，下午再吃好了。"

在进餐环节，我们也经常发现像小威这样的幼儿，平时的食欲较好，但在某次进餐时忽然不想吃饭。一般说来，教师的第一反应是认为孩子可能生病了或者心情不好。在上述案例中，排除了小威身体疾病的可能性，应该是情绪的影响。而老师采取的回应是允许幼儿能吃多少就吃多少。试想，若直接粗暴地勒令幼儿把饭吃完，引发的只会是他的抵触情绪，这种抵触情绪甚至可能会影响到他日后的进餐。

策略 33 提出合理的进餐要求，让进餐指导充满人情味

1. 让幼儿参与进餐要求的制定

很多教师往往是自己制定了进餐要求，勒令幼儿执行。但是，这样的强制行为带来的只会是幼儿的抵触心理，他们会抵触进餐常规、抵触教师，甚至是抵触进餐行为。

因此，教师应尝试让幼儿参与进餐要求的制定。我们可以把问题抛给幼儿："我们吃饭的时候，经常会有很多影响到小伙伴的行为方式，那么该怎样吃才能让自己开心，也让别人开心？"教师要尽可能地让幼儿自己制定进餐的常规要求。

第五章 打造魅力班级生活活动的策略

2. 去除不合理的进餐要求

很多班级的进餐规则都有这样的规定，吃饭的时候不可以说话，桌面地面不可以掉有饭粒，吃饭的时候不可以东张西望，等等。试想，这些要求成人都不一定能做到，更何况是幼儿？可见，很多不合理的进餐要求变成了对幼儿进餐的束缚，让进餐环节很是无趣。

因此，教师要思考哪些进餐要求是不合理的，并去除这些不合理的进餐常规要求，让班级的进餐活动充满魅力。

下列这些进餐常规的确有其不合理之处，应去除：

- 等待老师分发饭菜的时候不可以让手碰到桌面。
- 吃饭的时候，桌面、地面不可以掉有饭粒。
- 每个人都要把碗中的饭吃完（每个人的饭量都一样）。
- 吃饭的时候不可以东张西望。
- 吃饭的速度要快。
- 吃饭的时候不可以说话。
- 先吃完饭的小朋友坐在旁边等其他人，不可以随意乱走。

策略 34　满足幼儿进餐环节的交流需要

1. 进餐前让幼儿可以充分地交流

案例 5-8　沉默地等待

小朋友们都洗好手，坐在桌旁等待保育老师把饭菜提到班上。邱老师提醒孩子们:"两手摆在桌面上,坐好,等一会儿李老师就把饭菜提上来了。"孩子们只好干等着。过了一会儿,乐乐小声地和飞飞聊起来。邱老师大声呵斥:"谁在说话!再说话就请她出去!"邱老师的呵斥声让孩子们一愣,随即坐直了身体继续等待。

在进餐前,往往是孩子们做好了餐前准备,而饭菜还没有提到班上。由于无事可做,也由于平时能自由交流的时间较少,很多孩子往往和上述案例中的乐乐和飞飞一样,利用餐前的等待时间私下交流。但是,这样的行为往往引发教师无情的呵斥。试想,为什么非要孩子们呆坐着等待?在这一环节,让幼儿相互交流,不仅避免了餐前等待环节的无聊,也有利于幼儿交流需要的满足。因此,教师在进餐前,不妨创造条件满足幼儿的交流需要,以激发幼儿对进餐活动的喜爱。

2. 在进餐过程中,允许幼儿的个别交流

案例 5-9　宽容的教师

分发好饭菜后,孩子们开始进食了。杜老师不停地巡回指导,忽然,杜老师听到有小声的说话声,便转过头去,结果看到小明和小郭在小声地聊天,杜老师没说什么。这时,有个男孩告状:"老师,小明和小郭在讲话!"杜老师走了过去,小声地说:"我知道了,他们可能是有事情要商量,因为他们没有影响自己吃饭,也没有影响其他小朋友吃饭,所以老师没说他们。不过,我喜欢你,你是个敢于说出自己想法的孩子。"

的确,在进餐时,总有一些孩子会不自觉地聊起来。在上述案例中,

第五章　打造魅力班级生活活动的策略

小明和小郭小声地聊天，杜老师没有批评他们，因为"他们没有影响自己吃饭，也没有影响其他小朋友吃饭"。面对告状的孩子，杜老师小声地回应，无疑也给了孩子们这样的暗示——"吃饭的时候，若有话要说，应该是小声地说，这样才不会影响其他小朋友吃饭"。可见，教师可以做个有心人，在进餐活动中满足幼儿个别交流的需要。

3. 在进餐结束后，创造幼儿交流的条件

进餐结束后，由于刚吃完饭，不宜进行剧烈的运动，所以教师可安排一些相对安静的活动，并尽可能地让幼儿有交流的平台。如，有些班级在教室外设一个角落，放置沙发、小椅子等，先吃完饭的孩子可以到这些地方聊天，等待吃得慢的伙伴。

第三节　打造充满魅力的如厕活动

如厕是幼儿在园的主要生活活动之一，幼儿在如厕的过程中学会控制生理排泄，形成卫生习惯。但是，由于幼儿园如厕环境与家庭如厕环境不同，或是由于幼儿自信心的缺乏，如厕环节往往会给部分幼儿带来一定的心理负担。至于其他幼儿，往往是由于不愿意暂停游戏而不愿如厕。因此，打造充满魅力的如厕活动也是教师关注的热点话题之一。

策略35 参与布置，使如厕环境充满童趣

1. 让幼儿参与厕所的环境布置

由于各种因素的制约，幼儿在如厕环节往往容易产生紧张情绪，因此，教师可以让幼儿参与厕所的环境布置，帮助幼儿熟悉如厕环境。如，可以让幼儿设计男孩标志和女孩标志，张贴于厕所门上；可以让幼儿设计便后冲水的提示标语；可以引导幼儿设计不在厕所追逐打闹的标志……幼儿不仅用自己独特的方式布置厕所环境，使如厕环境充满童趣，也能慢慢地熟悉环境，这对于消除幼儿如厕的畏难心理有一定的积极意义。

2. 教师合理地布置厕所环境

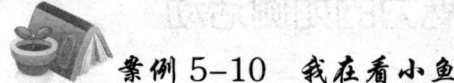

案例5-10 我在看小鱼

又迎来了新的学期，听了孩子们的建议，王老师和孩子们一起把厕所的墙面布置成海底世界。这天，午餐时，吃得快的孩子们三三两两地做着自己的事情。当王老师进入厕所时，发现强强正在上厕所，他边蹲着，边转动着大眼睛不时地打量着四周的墙壁。王老师好奇地问："你在看什么呀？"强强指指厕所的墙壁："我在看各种各样的小鱼！"王老师笑了笑，走了。刚回到教室，王老师就听到小郭在喊着："去上厕所喽，我要去看看那条大鲨鱼！"

在现实生活中，我们常常看到这样的现象：孩子们在上厕所时习惯聊

第五章　打造魅力班级生活活动的策略

天。试想，这难道不是因为幼儿如厕时无事可做？因此，教师可以把厕所布置成幼儿感兴趣的样子，就像上述案例中的教师那样做，这样的环境布置也有利于激发幼儿如厕的兴趣。

3. 开展环境布置，帮助幼儿减轻如厕困难

如厕环节持续的时间较长，要做的事情较多，年龄越小的幼儿往往越会丢三落四。因此，教师还可以通过厕所的环境布置帮助幼儿减轻如厕困难。如，可以把"站在便池前两腿分开站稳→抓住裤腰，将裤子脱至靠近膝盖处→慢慢下蹲，坐稳排便→便后用纸从前往后擦屁股→抓住裤腰，向上提裤子（先提里面的裤子，再提外面的裤子）→将裤子的两侧、前面和后面都整理好→冲水→便后洗手"这些环节绘制成流程图，张贴于厕所醒目处的墙面上，帮助幼儿熟记如厕技能、减轻如厕困难。

策略 36　家园配合，帮助幼儿习惯如厕环节

　案例 5-11　我不敢上厕所

都都今年上小班了，但是，都都妈妈发现，每次来接孩子时，都都大多是催着妈妈赶快回家。而回到家后，都都马上冲到卫生间。在母亲的催问下，都都才告诉妈妈，自己不敢在幼儿园上厕所，因为在家里都都是在坐便器上排便的，所以到了幼儿园就不敢上厕所。

的确，由于家庭如厕环境、如厕器具的不同，很多幼儿在幼儿园里往

117

往不敢上厕所。这需要家长与教师配合，帮助幼儿适应在幼儿园如厕，使其不抵触如厕。

- 幼儿来园后，教师应亲切地带领幼儿参观幼儿园的厕所，让他们熟悉幼儿园的厕所环境。
- 在新生入园前，家长可以带着孩子来幼儿园熟悉环境，尤其应该带着孩子走进班级，看看哥哥姐姐在幼儿园是怎样上厕所的，让幼儿熟悉哥哥姐姐的如厕方式。
- 当幼儿敢在幼儿园如厕时，教师要及时告诉家长，请家长一起给予孩子及时的肯定和鼓励。

策略 37　亲切关怀，消除幼儿如厕的畏惧心理

1. 积极回应幼儿的尴尬处境

 案例 5-12　老师，我不敢说

孩子们正在进行区域活动，杨老师忽然发现妮妮坐在椅子上，没有进入任何区域。杨老师蹲了下来："妮妮，你为什么不去玩？"妮妮没说话，只是摇摇头。杨老师摸摸妮妮的额头，没发现孩子的身体有何异常。忽然，杨老师拉起妮妮，看看妮妮的裤子，才发现妮妮尿裤子了。杨老师小声地问："妮妮，你尿裤子了为什么不告诉老师？"妮妮低下头："我不敢说。"

杨老师把妮妮带到寝室，给她换上了干净的裤子，妮妮还是不敢说话。杨老师笑了笑："妮妮，没关系的，小朋友们喝多了水，尿裤子是很

第五章 打造魅力班级生活活动的策略

常见的,记得上厕所就行了。以后要是不小心尿裤子了,悄悄告诉老师就好。老师小时候也尿过裤子呢。"听到老师说她小时候也尿过裤子,妮妮抬头惊讶地看着老师,过了一会儿,露出了释怀的微笑。

新入园的幼儿,往往会由于贪玩或是畏惧心理而出现尿裤子等尴尬的事情,如同上述案例中的妮妮一样。但是,教师若悄悄地把孩子带离尴尬地,轻柔地安慰孩子,甚至是自贬,这样积极的回应会马上消除孩子的畏惧心理。

2. 积极回应幼儿的点滴进步

在幼儿的如厕过程中,教师注意到幼儿的每一个细小进步也能增强幼儿如厕的自信心,消除其畏难心理。如:

- 你尿急了会告诉老师,你是个很勇敢的孩子。
- 你居然会自己上厕所了,老师真替你感到高兴!
- 你今天上完厕所,会把自己的衣服整理好,真厉害!
- 不错,你竟然会自己擦屁股了!
- 你会自己冲水了,真棒!
- 今天上厕所时人太多,你会主动排队,真能干!
- 你会帮小朋友拿纸,真是个有爱心的孩子!

3. 亲切相伴,适当陪伴幼儿如厕

由于幼儿园里的如厕器具及如厕环境与家里不同,很多孩子宁愿憋着,也不敢上厕所。遇到这样的情况,教师可以试着陪孩子上厕所,让孩子们知道,老师陪着他们,不管出现什么样的情况都可以得到老师的帮

助。在教师亲切的陪伴下，幼儿的害怕心理会慢慢消除，过段时间之后，幼儿自然就会发现在幼儿园如厕并不是一件令人紧张的事情。

4. 家园沟通，肯定幼儿的进步

案例 5-13　妈妈，我是不是很棒？

甘甘是个稍显内向的孩子，她的母亲反馈，每次回到家，甘甘首先要做的事情就是上厕所，这孩子在幼儿园不敢大便，非要憋回家。这天，又到了离园时间，甘甘的母亲接上孩子正想回去时，莫老师叫住了她："甘甘妈妈，甘甘今天很棒，想大便时会自己去上厕所了，都不要老师提醒。"甘甘的母亲惊奇地问道："真的？"甘甘抬起头："真的！妈妈，我是不是很棒？"甘甘的母亲激动地说："那以后能不能还这么做？"甘甘马上重重地点了点头……

当孩子有进步时，教师当着孩子的面和其父母交流，往往会收到意想不到的效果。在上述案例中，当甘甘有了进步时，老师当着甘甘母亲的面表扬了甘甘，马上引发了甘甘自豪的追问——"妈妈，我是不是很棒？"，她甚至答应以后还会这样做。

策略38 关注细节，帮助幼儿克服如厕障碍

 **案例5-14 我不想上厕所**

又到了新的学期，小（1）班的老师们发现，雯雯经常尿裤子。这天，雯雯又一次尿裤子了，肖老师帮雯雯换过裤子后诧异地问道："雯雯，刚才我不是叫你上厕所了吗？我都看到你走进厕所了，为什么你还会尿裤子呢？"肖老师的话刚说完，旁边的伟伟马上告状："老师，雯雯到厕所后，没有尿尿！"肖老师愣了好一会儿才回过神来："雯雯，你都进入厕所了，为什么不尿尿呢？"雯雯低下了头，小声地说："我不想上厕所。"肖老师奇怪地追问："为什么你不想上厕所？"雯雯没有吭声，这时，旁边的小女孩说道："肖老师，雯雯说她脱不了裤子，所以不想上厕所。"此时，肖老师才注意到，原来雯雯的奶奶担心雯雯着凉，一直让雯雯穿着厚厚的衣服来幼儿园，这让雯雯的手脚都不灵活了。

在上述案例中，即使是在教师的反复提醒下，雯雯还是尿裤子了。事后，老师了解到原来是厚厚的衣服让雯雯难以脱裤子如厕。可见，一些平时不为成人所关注的细节，往往也会变成幼儿如厕的障碍。因此，教师应做好家长的工作，家园配合，从细节入手，破除幼儿如厕的障碍：

- 不要给幼儿穿过多的衣物。祖辈老人对孩子较溺爱，保护过度，往往会给孩子穿过多的衣服。孩子一动一身汗，湿透的衣服如果不及时换掉，孩子一受凉，就容易感冒。而且，穿的衣物过多导致身体

与冷空气的接触太少，人体的抗寒能力也会随之下降。
- 不要给幼儿穿过紧的牛仔裤，这会导致幼儿难以脱裤子。
- 不要给幼儿穿紧身裤，这也经常导致幼儿不易脱裤子。
- 男孩子不穿拉链裤。男孩子穿拉链裤，在如厕的时候，有可能误将外生殖器的皮肉嵌到拉链内，引发幼儿对如厕的排斥心理。
- 不穿裤腰过紧的裤子。裤腰过紧，不仅会影响幼儿胸腹部的发育，而且会让幼儿在如厕时花去大量的时间脱裤子，易引发幼儿的烦躁心理。
- 不穿背带裤。幼儿穿背带裤虽然可以避免因裤带束到胸部而影响胸廓的生长发育，但是在幼儿园穿背带裤，幼儿在如厕时不容易脱裤子，也会导致幼儿产生如厕畏难心理。

策略 39　自我"诊断"，增加如厕环节的吸引力

1. 直观地帮助幼儿理解大小便与身体健康的关系

在如厕的过程中，我们经常发现有些幼儿会告诉老师"我的大便像一条香蕉"、"我的小便很黄"、"我的大便很干，像一小个一小个小圆球"等。这说明幼儿已经开始留意大小便与身体健康的关系。因此，教师可以通过各种方式帮助幼儿理解大小便的颜色、形状等与身体健康的关系以及注意事项。

2. 引发幼儿在如厕环节对人体秘密探索的兴趣

教师可把尿液图、大便形状图与身体健康状况图对应张贴在盥洗室，

引导幼儿如厕时对照观察，并引导幼儿在发现自己的大小便异常时及时告诉教师。如此一来，如厕不仅仅是解决幼儿生理需要的环节，更成为了幼儿留意自身健康、关注自己身体的环节，不仅激发了幼儿探索人体秘密的兴趣，也丰富了如厕内容。

3. 引发幼儿如厕后对个人健康状态的关注

为了引起幼儿对个人健康状态的关注，班级可以设置每个幼儿的健康专栏。在专栏中，可以张贴每个幼儿的照片，在照片下面，把小栏目分成两部分：一边是记录当天幼儿大小便的情况，如当天的大便很干，像一小个一小个小圆球，幼儿可以画上一个个小黑点或插上"干干硬硬的大便图"；另一边则是记录幼儿如何调节自己的饮食，如幼儿把蔬菜水果图片、喝水图片和跑步图片插上去，代表要"多吃蔬菜和水果，多喝水，多跑步"。要鼓励幼儿与同伴讨论交流，也要鼓励幼儿与家长交流自己的如厕情况。如此一来，不仅便于家长了解幼儿在幼儿园的如厕情况，也激起了幼儿对自身饮食情况的关注，有利于其如厕积极性的维持。

第四节 打造充满魅力的喝水活动

幼儿活动量大，新陈代谢旺盛，水分蒸发多，因此幼儿对水的生理需要比成人要多。因此，幼儿的喝水问题不仅让教师担心，也让家长挂心。我们经常见到这样的情景：早上入园时，听到家长叮嘱孩子"多喝水"，晚上离园时，总会不停地听见家长问"宝宝，今天在幼儿园里喝水了吗"。那么，如何打造充满魅力的喝水活动呢？

策略40 帮助幼儿体验喝水带来的成就感

案例5-15 我明天也会喝很多水

有些幼儿经常忘记喝水,在老师的提醒下,往往也只是象征性地喝一口后就急匆匆地离开。中(2)班的老师们设置了"饮水记录区",在该区贴有每个幼儿的照片,照片下则是供幼儿插卡之处。每当幼儿喝了半杯水,就会在自己的照片下插上一张画着半杯水的卡片;若是喝了一杯水,则会插上画有一杯水的卡片。

这天,又到了离园时间,孩子们正等着家长来接。陈老师发现,在本班的"饮水记录区",孩子们正三三两两地聚着,数数看谁当天喝水较多。这时,乐乐高兴地嚷道:"今天我喝水多,我喝了6个半杯!"不甘示弱的小楷也跟着喊:"我也喝了很多!"这时,乐乐忽然发现,小薇的照片下只有两张卡片,于是说道:"小薇,你今天喝的水比我少!"小薇不服气了:"有什么了不起,我明天也会喝很多水!"

幼儿良好喝水习惯的养成、对喝水活动的接纳,离不开教师的鼓励,更离不开幼儿自我成就感的满足。在上述案例中,喝水多的幼儿得意扬扬,而喝水少的幼儿则提出了挑战——"我明天也会喝很多水"。可见,教师要善于通过各种方式帮助幼儿体验喝水带来的成就感。

- 设置"饮水记录区",帮助幼儿直观地记录自己当天的饮水量,满足幼儿自我成就感的需要。

- 鼓励幼儿和同伴交流自己的饮水量，帮助幼儿获得同伴的肯定。
- 教师在离园前，可以就"饮水记录表"对全班幼儿当天的喝水情况进行小结和表扬，让幼儿获得教师的肯定。
- 家长来接孩子时，教师可以当着家长的面对幼儿的喝水情况进行肯定，满足幼儿获得家长肯定的需要。

策略41 满足幼儿在喝水环节交往的需要

 **案例 5-16 谁让你们说话的**

集体教学活动结束后，李老师让幼儿集体饮水，请喝完水的孩子在走廊等待老师。听完李老师的交代，孩子们马上涌向饮水桶。但是，由于排队的人数太多，很多孩子开始聊天。李老师生气地走过去："谁让你们说话的？"孩子们看着李老师，不敢吭声了……

幼儿天性好动、爱玩，在做自己喜欢的事情时往往会忘记喝水，即使是经教师提醒，也只是敷衍了事，有的只是随意回应一声就继续埋头做自己的事情。因此，教师在幼儿的一日活动中往往会安排若干集体饮水的环节。但是，在集体喝水环节，由于排队过长，导致了无意义的等待，幼儿表现出极强的语言交流欲望。在很多时候，教师往往会像上述案例中的李老师那样直接给予幼儿严厉的呵斥，没有考虑到此环节如何满足幼儿的交流需要。因此，要让幼儿爱上喝水，教师必须从细节入手，满足幼儿在该环节进行交流的需要。

- 创造条件，让幼儿在等待环节自由交流。可在饮水桶附近放置一些椅子，等待喝水的人数过多时，幼儿可以在此和同伴聊天、互动等。
- 允许幼儿在喝水环节中交流。在自由喝水环节，很多幼儿喜欢三三两两地聚在一起"窃窃私语"。试想，喝水时"窃窃私语"是否会给幼儿和同伴带来危害？应该不会。因此，在喝水环节可以允许幼儿"窃窃私语"，甚至教师都可以端起自己的杯子，加入幼儿的聊天，只要引导幼儿不大声笑闹、不打闹就行。这样一来，幼儿的交往需要得到了满足，也有利于教师与幼儿之间情感联系的建立。

策略 42　发挥榜样作用，激发幼儿的喝水兴趣

1. 以教师的榜样引导幼儿爱上喝水

 案例 5-17　我也要去喝水

集体活动结束后，林老师交代幼儿："等会儿记得上厕所、洗手和喝水。"然后，林老师拿起自己的杯子："我好像有一阵子没喝水了，现在我要去喝水了！"林老师边说边走向饮水桶。听到老师的话，很多孩子也纷纷拿起自己的水杯……

对于幼儿而言，教师是他们心目中的权威，教师的言行举止往往是他们模仿的对象。在上述案例中，林老师的喝水行为带动了一群也要去喝水的孩子，这正是教师榜样的示范作用。因此，在饮水环节，教师要善于利

第五章 打造魅力班级生活活动的策略

用自身的影响，激起幼儿对喝水的兴趣。试想，一个不爱喝水的教师如何能说服幼儿主动喝水？一个喝水时大声笑闹的教师又如何能劝说幼儿安静地喝水？

2. 以其他的榜样引导幼儿爱上喝水

除了利用自身的榜样作用引导幼儿喝水，教师还可以利用其他的榜样激起幼儿的积极性，如树立班级同伴榜样，以文学作品中的形象作为榜样，等等。

策略43 满足幼儿的表现需要

1. 允许幼儿"帮助"教师

案例5-18 老师，我可以帮你倒水吗？

集体活动结束后，林老师拿起自己的杯子，正想去倒水时，小天跑了过来："老师，我可以帮你倒水吗？"林老师虽然愣了一下，但很快反应过来，随即点点头。过了一会儿，小天小心翼翼地帮林老师端来了一杯水，林老师摸摸小天的头："谢谢你！你喝水了吗？"小天开心地跑去喝水了。旁边的小牛羡慕地问道："为什么老师让你帮她倒水？"小天骄傲地回答道："因为我会好好地喝水！"旁边的小朋友们听了，喊道："明天我也会好好地喝水！"

在上述案例中，教师允许幼儿"帮助"自己，这一微不足道的举动，却导致很多幼儿提出"明天我也会好好地喝水"。因为，在孩子看来，教师之所以让自己帮忙，是因为自己在喝水这一环节表现好，因此赢得了教师的另眼相看。可见，适当示弱，允许幼儿"帮助"教师，既能满足幼儿爱表现的需要，也能满足幼儿得到认可的需要。

2. 鼓励幼儿服务同伴

能为老师服务的幼儿毕竟只占少数，其他幼儿也都希望自己能获得这样的表现机会。为此，教师可以鼓励幼儿为同伴服务。如有些班级进行了这样的尝试：班级每天由幼儿自荐或推荐两名喝水服务员。这些喝水服务员会在幼儿喝水环节提醒幼儿按照教师的要求接水，会提醒小朋友们把杯中的水喝完，会提醒小朋友们有序地接水，等等。

幼儿往往会推荐那些在前一天喝水表现好的幼儿作为喝水服务员，对于自荐的孩子，小伙伴们往往也是以他们前一天的喝水表现来决定是否同意他们成为喝水服务员，这样的尝试不仅满足了幼儿爱表现的需要，也有利于幼儿为争当喝水服务员而自觉地遵守饮水规则，使他们逐步养成良好的喝水习惯。

第五节　打造充满魅力的午睡活动

午睡对于幼儿的身体发育具有重要的意义。经过一个上午的活动，幼儿的身体已经出现疲劳状态，而在午睡时，幼儿全身的肌肉放松，身体得到充分的休息，体力也会逐渐得到恢复。那么，如何让幼儿的午睡活动充满魅力呢？

第五章 打造魅力班级生活活动的策略

策略44 创设温馨的睡眠环境，让幼儿甜蜜入梦

1. 布置温馨的寝室环境

温馨的寝室环境不仅能提高幼儿的午睡质量，也有利于唤起幼儿对午睡活动的接纳。教师可以尝试从下列几个方面进行布置：

- 确保寝室的窗帘透光性差，寝室内光线柔和，让幼儿能很快入睡。
- 在寝室的墙壁上张贴一些诸如星星、月亮和幼儿睡着的挂饰与图画，还可以在正对寝室门口的地方以图形结合文字的方式提醒幼儿"我们要睡觉了，记得保持安静哦"。
- 寝室的墙面底色使用温馨的浅色，烘托寝室的温馨氛围。

2. 创设温馨的精神环境

精神环境的创设也很重要，在精神环境创设方面应该注意以下几点：

- 在午睡前不要批评幼儿，让幼儿保持愉快的心情入睡。
- 进入寝室后，用轻柔的动作协助幼儿脱下外衣。
- 面带笑容，用轻柔的声音回应幼儿的要求，对幼儿进行指导。这不仅能暗示幼儿在寝室内保持安静，也能使幼儿感受到心理上的安全。
- 当幼儿睡下时，用轻柔的动作调整幼儿不正确的睡姿，让幼儿感受到教师对自己的关心。
- 当幼儿尿床时，用微笑安抚幼儿的紧张情绪，用类似"不用担心，睡觉前忘记上厕所或喝水太多都容易尿床，下次我们在睡觉前记得

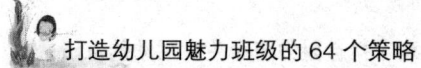

上厕所就好,老师小时候也会尿床的"之类的语言安慰幼儿,消除幼儿的自卑心理。

策略45 营造值得期待的睡前环节

1. 讲一个温馨的睡前故事

讲故事一直受到幼儿的欢迎,但是,在幼儿园里,教师由于工作内容的烦琐性,给孩子们讲故事的时间是有限的,远远无法满足幼儿的需要。因此,在午睡前,孩子们进入寝室,脱下鞋子、衣物后,安静地躺在床上,听着老师用柔和的声音娓娓地讲述一个故事,何尝不是一种享受?

2. 摸摸、抱抱孩子,让幼儿愉快地入睡

 **案例5-19 老师也摸了我的头**

又是一天的离园时间,很多孩子还是舍不得离开幼儿园,他们继续在户外玩大型玩具。当最后一个幼儿离开教室后,杜老师收拾好物品,随即离开。经过操场时,杜老师看到本班的帆帆滚着轮胎经过自己的身边,杜老师摸摸帆帆的头,笑了笑。这时,菲菲也跑到了杜老师的身边,停了下来,看着杜老师,于是杜老师顺手也摸了摸菲菲的脑袋。菲菲高兴地跑到帆帆的跟前:"刚才,杜老师也摸了我的头!"看着这一幕,杜老师忽然觉得有些惭愧。

第二天,到了午睡时间,杜老师在寝室门口仔细检查孩子们的口袋里是否有异物,取下女孩的头饰,摸摸孩子们的额头后,顺势抱了抱他

第五章 打造魅力班级生活活动的策略

们。今天,杜老师发现,与往常不同的是,孩子们都带着甜甜的笑容上了床……

非语言沟通主要是指教师运用面部表情、点头、抚摸、搂抱等方式与幼儿进行沟通。这种方式比语言沟通更容易表达教师对幼儿的尊重、关心、爱护和肯定,符合幼儿的心理需要。在上述案例中,菲菲的话"刚才,杜老师也摸了我的头"让杜老师醒悟,原来孩子们是那么地在意老师是否搂抱、抚摸自己,老师温柔的搂抱、抚摸居然能给孩子们带来如此的满足感。于是,在午睡前,杜老师在对孩子们进行检查后,给了每个孩子一个温柔的搂抱,让孩子们带着感动愉快地入睡。

策略46 巧妙安排,克服幼儿的"起床困难"

1. 音乐提醒,让幼儿从心理上做好起床的准备

部分幼儿由于起床困难,起床往往伴随着不愉快的情绪体验。而有些幼儿不易醒来,对于突然到来的起床催促声极为不适应。因此,教师可以利用音乐,让幼儿从心理上做好起床的准备。如,准备起床时,教师播放一段音乐(音量由小慢慢变大),让幼儿在音乐背景下慢慢醒来,使他们有一段起床适应的时间。

2. 不强求统一的起床时间,对幼儿可区别对待

幼儿在午睡活动中也体现出了各自的特点,具有差异性。因此,在午睡起床环节,也应体现要求的差异性。如,小班幼儿的午睡时间可安排得

稍长些；对于穿衣服慢的幼儿，可以允许他们先起床；醒得早的幼儿，若还是无法入睡的话，可以轻轻地下床来看看书、玩玩积木，只要不影响其他小朋友休息即可；对于不易醒来的幼儿，可以允许他们再睡一会儿……总之，教师要照顾到幼儿的个别差异性。

策略47　提高自我服务能力，满足幼儿对成就感的需要

案例5-20　老师，看我们叠的被子

到了起床时间，穿上衣服后，大（1）班的孩子们两个两个地合作叠毛巾被。过了一会儿，豆豆喊道："老师，看！我们叠好了！"老师点点头："叠得真整齐！""老师，看我们这边，我们也叠好了！"此起彼落的声音响起。在老师的一一肯定下，孩子们心满意足地离开了寝室。

要让幼儿乐意接受午睡，引导他们体验午睡环节的成就感是关键。在上述案例中，幼儿起床后合作整理床铺，教师给予肯定，甚至对每个幼儿都一一肯定，这样的肯定会让幼儿心满意足地离开寝室。可见，正是由于在自我服务方面得到了肯定，产生了成就感，幼儿才获得了积极的情绪体验。

1. 引导幼儿合作，在合作中体验成功的快乐

幼儿年龄越小，自我服务的能力越差，一个人往往无法进行自我服务，尤其是穿脱上衣。我们经常看到这样的情景：着急的孩子正在脱套头

T恤，但就是没办法把衣服的下摆翻过去，憋得满脸通红，又不敢请老师帮忙，或者老师正忙着帮其他的孩子而没有注意到。又如，大班小朋友起床后，一个人叠毛巾被，弄了半天，由于毛巾被太大，无法独自完成。

教师要引导幼儿学会合作，引导孩子们在午睡时互相关心、互相帮助，如，互相帮着解后背的扣子、合作叠被子等。幼儿在伙伴的帮助下，能完成这些较难独立完成的工作，有利于其体验成就感。

2. 让幼儿看到努力带来的结果，体验成就感

当幼儿穿戴好之后，让他们照照镜子，看看自己的成果，可以激发其成就感。教师也可以引导幼儿让同伴看看自己的整理结果，从同伴处获得肯定，这些均有利于幼儿成就感的满足。

3. 不吝啬成人的肯定，帮助幼儿体验成就感

当幼儿有进步时，教师要大力加以肯定和表扬，如"你的被子叠得很整齐"、"你的衣服整理得真快"、"你的鞋子摆放得很整齐"等，甚至是当着孩子的面，向父母反馈孩子的进步，帮助幼儿获得来自家长的认可。

本章参考文献

[1] 蔡伟忠. 跳出传统思维的幼儿园教师实用手册 [M]. 北京：农村读物出版社，2010：7.

[2] 李丽. 轻松如厕 [J]. 幼教园地，2011（11）：28-29.

[3] 刘月阳. 关于幼儿饮水习惯培养的几点建议 [J]. 现代阅读，2012（7）：54.

[4] 宋文霞，王翠霞，主编.幼儿园一日生活环节的组织策略[M].北京：中国轻工业出版社，2012：1.

[5] 赵军海.洗手间成为幼儿活动"后台"的原因探析[J].幼儿教育，2006（9）：22-24.

第六章
打造魅力班级游戏活动的策略

一位西方哲人说:"要求一个孩子在游戏之外的某种基础上进行工作,无异于一个蠢人在春天摇晃苹果树而向往得到几个苹果,他不仅得不到苹果,还会使苹果花纷纷落地,本来渴望在秋天得到的果子也就无望了。"对幼儿而言,游戏就是工作,工作就是游戏。游戏是幼儿学习的基本手段,幼儿只有通过游戏才能获得各方面的健康全面发展,游戏是幼儿园的基本活动。

然而,在现实中,游戏却遭遇着各种各样的困境。家长们会说:某某幼儿园一天到晚都是让孩子玩,没有给孩子教什么东西;某某幼儿园好,在那里,孩子会背多少诗、会写多少字。

李老师花了很多时间和精力设计了"三只蝴蝶"的游戏活动,她选了3个幼儿扮演蝴蝶,另外选了若干幼儿扮演花朵。结果,幼儿兴趣不高,表现被动。没等游戏结束,一个幼儿就问:"老师,游戏完了吗?我们可以自己玩了吧?"

王老师在语言活动"小熊请客"的基础上,组织了一次表演游戏。主班老师王老师一一出示早已准备好的道具。介绍完道具后,配班老师带领全班幼儿扮演不同的小动物离开活动室去"小熊"家做客，王老师忙着在睡室里布置场景（睡室的床已经收起来了）：一个小门，好几种食物。场地布置好了，幼儿由配班老师带领进入睡室。王老师提问："谁愿意上来表演？""哗！"几十只小手举了起来。王老师挑了五个没有举手而在上次语言活动中表现又不好的幼儿上来表演。表演时，王老师不停地提示孩子们对话、做动作。第二轮，王老师请了五个"乖的孩子"上来表演。王老师还是不时地按照故事情节来规范语言，纠正孩子们的动作。好多孩子忙着摆弄有趣的道具，忘了表演，王老师只好不断地提醒……

　　我们似乎可以看出，幼儿园游戏遭遇的困境来自三个方面：家长方面的不支持、不认可，孩子方面的不喜欢，教师方面的吃力不讨好。如何打造魅力班级的游戏活动呢？我们可以从以下几个方面考虑：针对家长传达游戏的价值，塑造游戏的价值感，获得家庭的支持；针对幼儿，提供符合其身心发展需求的游戏，让幼儿爱上游戏；教师无为而为，巧妙地指导游戏，让幼儿在快乐中成长。

策略 48　针对家长塑造游戏的价值感

1. 从家长关心的学习能力入手

　　很多家长会关心孩子的书写、计算等与小学入学相关的问题。在应试教育背景下，这一点很难避免，无论幼儿园如何做工作，都很难改变家长的关注热点。对于这种情况，幼儿园既要考虑家长的关注点，又要坚持科学的教育，如何解决这一矛盾呢？教师可以从家长关心的学习入手，与家

第六章 打造魅力班级游戏活动的策略

长进行沟通,帮助家长明确:幼儿园教育的最大价值不在于提前教授小学内容,而在于帮助孩子建构学习能力,帮助孩子积累丰富、感性、直观的经验,为其终身学习打下良好的基础;游戏不但可以帮助孩子积累丰富的感性、直观经验,还可以为孩子的终身学习奠定良好的基础。

例如,关于书写,正确的书写必须具备一些条件,如手眼协调、精细动作的发展和虎口肌肉的发展等。"心灵手巧"的实质内涵是"手巧心才灵"。有计划地帮助幼儿掌握相关精细动作技能、发展手眼协调能力是开启儿童智慧的重要内容。手眼协调、精细动作的锻炼包括很多方面,如"插、穿、夹、抠、扣、摸、拧、捏、敲、摇、舀、塞"等,这些都可以通过插雪花片、穿珠子、夹玻璃珠、扣扣子、拧瓶盖等一系列游戏实现。

又如,对社会适应能力的培养,通过说教往往收效甚微。但是在游戏中,孩子的社会交往能力、自我控制能力等会在不知不觉中得到很好的锻炼。

 **案例 6-1 我做你们家的宠物狗好吗?**

新插班的晨晨年龄偏小,能力相对比较弱,加上和其他小朋友还不熟悉,在平日的活动中属于被其他小朋友忽视的角色。今天,他想去娃娃家玩,但娃娃家已经有了"爸爸"和"妈妈"。他说:"我做你们家宝宝可以吗?"娃娃家的"爸爸"拒绝了,说"我们家没有宝宝"。晨晨向老师求助,老师启发他:"想一想,除了可以做宝宝外,还可以做什么?"晨晨再次鼓足勇气来到娃娃家:"我来你们家做客可以吗?""爸爸"没好气地说:"我们家今天没客人。"晨晨再次受挫,老师看在眼里,再次启发他:"想想还有没有别的办法,除了做宝宝,还可以做什么?除了到娃娃家做客,还可

137

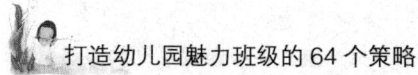

以干什么？"晨晨想了想，再次来到娃娃家："我做你们家的宠物狗好吗？"这次没等"爸爸"开口，"妈妈"就说："太好了，我最喜欢宠物狗了。"晨晨成为娃娃家的宠物狗，他在娃娃家到处爬呀爬、嗅啊嗅，还学着小狗的样子"汪汪汪"地叫，很投入、很开心。

晨晨不但靠自己的努力成功加入娃娃家，而且在整个过程中，他不知不觉地学会了协商、变通，其人际交往能力、抗挫折能力得到了极大的提升。

2. 游戏中的全感官参与让孩子拥有更强的学习能力

在游戏中，孩子可以轻松自如地运用全身的感官，拿到一个东西，用鼻子闻一闻、用手摸一摸、捏一捏、晃一晃，用嘴咬一咬，用眼睛看一看。在这样的过程中，孩子的视、听、嗅、味、触几大感觉器官都得到运用和锻炼，获得的信息会更全面、更真实。在以后的学习中，遇到类似的情境，孩子会迁移这种认知方法，这才是最重要的学习能力，而且这种能力是通过单纯的书写、阅读无法实现的。

 **案例 6-2　乐器工厂**

【游戏目的】

激发探索兴趣，学会利用多种感官探索、感受不同的材料；探索、感受不同容器与材料组合发出的不同声响。

【游戏材料】

铁罐子、矿泉水瓶、纸盒等容器，沙子、大米、黄豆、小螺帽等填充

第六章 打造魅力班级游戏活动的策略

材料。

【游戏玩法】

让幼儿自由挑选容器和填充材料，并用这些容器和填充材料制作沙锤、响筒等乐器。幼儿通过触摸、观察、聆听等方式进行感受，多重感官参与感知各种材料的质感，它们相互之间的碰撞、摩擦以及容器和材料互换后带来的声响区别等。

3. 提供家庭延伸游戏，让家长体验游戏的魅力

教师可将幼儿园当日玩过的新游戏及其目标及时反馈给家长，并提供家庭中可以玩的类似游戏，取得家长的理解、配合与支持，实现家园共育，共同促进幼儿成长。

例如，为了锻炼孩子的精细动作，教师在幼儿园会组织相应的教学活动或游戏活动，同时可以建议家长在家庭中玩类似"图形宝宝找朋友"、"手指一家人"的游戏，并将该游戏的名称、目的、准备、玩法等要点写在纸上（或者家园联系册里）交给家长。

 案例6-3　图形宝宝找朋友

【游戏目的】

巩固认识各种颜色和形状，锻炼精细动作、手眼协调能力。

【游戏准备】

大小不一的瓶子及与之配套的瓶盖若干，各种颜色和形状的几何图形若干。先在同一个瓶子的瓶身和瓶盖上贴上一模一样的两个几何图形，再

把瓶身和瓶盖分别放在两个筐里。

【游戏玩法】

妈妈随意拿起一个瓶身，指着上面贴的几何图形问孩子："这是什么颜色、什么图形？"等孩子说对后，妈妈说："请你在放瓶盖的筐里找出一个和它一模一样的图形宝宝，把瓶盖拧上去，让它们配对做好朋友。"孩子自己找出相应的瓶盖后，把瓶盖拧好。每完成一个，妈妈都给予肯定和表扬。

案例6-4 手指睡觉

【游戏目的】

锻炼精细动作、手眼协调能力。

【游戏玩法】

老大睡了。（两手心向上，拇指弯曲）

老二睡了。（食指弯曲）

大个子睡了。（中指弯曲）

你睡了。（无名指弯曲）

我睡了，大家都睡了。（小指弯曲，同时两手心转向下方）

小不点醒了。（小指伸直）

老四醒了。（无名指伸直）

大个子醒了。（中指伸直）

你醒了，我醒了。（食指、拇指先后伸直）

大家都醒了。（两手相互拍）

4. 将家庭游戏引入幼儿园，为班级游戏注入新活力

教师可以通过家长沙龙等形式鼓励家长将家里玩过的游戏反馈给班级，教师对各种家庭游戏进行筛选、改编，根据情况引入幼儿园，为班级游戏注入新的活力，同时起到激励家长的作用。

以下是小班家长反馈的家庭游戏案例：

家里有套茶具，瓷质非常好，我自己用的时候非常爱惜，3岁的女儿看到后总想玩，想模仿大人的样子倒茶。给她玩吧，我怕她摔碎茶杯；不给她玩吧，看她渴望的眼神我又不忍拒绝。最后，我抱着牺牲茶杯的心态拿出3个茶杯，决定给她玩，不过事先强调：用的时候一定要格外小心，如果把茶杯掉到地上了，就算没有摔碎，也不可以再玩了。女儿认真地点头答应。我坐在桌前认真地当她的客人，只见女儿非常专注地拿着茶杯倒水，从大杯倒入小杯，再将盛满水的小杯小心翼翼地端到我这个客人面前。在整个过程中，女儿非常认真、专注，茶杯安然无恙，甚至水都很少洒出来。女儿足足玩了26分钟。

教师对上述案例的思考：发展心理学家大都认为幼儿的注意力容易分散，控制能力差。在良好的教育环境下，小班幼儿能够集中注意力3~5分钟，中班幼儿能够集中注意力10分钟，大班幼儿有意注意的稳定性和自觉性增强，注意力集中的时间可延长到15分钟左右。可是，在玩茶杯的游戏中，3岁的孩子为什么会专注那么长时间呢？

于是，教师对娃娃家的布置做了简单的调整，把玩具水杯变成真的水杯，告诉孩子们：今天娃娃家要迎接真正的客人，这些客人要来娃娃家喝茶，要用真的水杯喝茶，请小朋友们认真接待，千万别把茶杯弄碎了，也

不要把水洒到自己或"客人"身上。小朋友们欢呼起来,异常激动。娃娃家的"爸爸"和"妈妈"接待了前来做客的5位"客人",整个过程持续了30多分钟,"爸爸"、"妈妈"和5位"客人"都非常专注,旁边表演区的表演也丝毫没有影响到他们。

策略49　提供有魅力的、符合幼儿身心发展需求的游戏

游戏对于幼儿的魅力来自两个方面:一方面,可以让幼儿获得极度的放松、自由;另一方面,幼儿在游戏中可以体验到向自身能力挑战的成就感。

1. 提供让幼儿极度放松、获得自由的游戏

游戏对于幼儿的重要吸引力在于:在游戏中,他们可以极度放松,获得充分的自由。

案例6-5　阳光广场的游戏

有一天晚饭后,我约了朋友,带孩子一起到阳光广场去玩。两个孩子相差不到半岁,正好能玩到一块儿。两个妈妈在一旁说话,一个爸爸看着他们,有时和他们一起玩,或带他们一起玩。我一边说话,一边时不时地扫他们一眼。

两个孩子整整玩了两个半小时。他们玩老鹰捉小鸡、红绿灯、开火车、小青蛙等游戏,他们不停地在广场上跑啊、追啊、跳啊。在这两个半小时中,两个孩子都没有坐下来休息,只喝了一点水,吃了一块巧克力。

第六章 打造魅力班级游戏活动的策略

等我们要离开阳光广场时,他们恋恋不舍,毫无倦意,直喊"还要玩",真是玩疯了。

为什么孩子们在这样的游戏中常常不知疲倦,可以不停地追、跑、跳,玩两个半小时?因为这样的游戏是放松的,这样的放松不是一般意义上的闲逛、休息,在这样的放松中,孩子的注意力是集中的,在游戏过程中有时还体验着一种紧张(如在玩老鹰捉小鸡的过程中),但这种紧张不是外界所施加的,是游戏本身的要求,是一种积极的紧张,是在自由中获得的紧张体验。在这样的游戏中,无须任何外界指导,孩子就会乐此不疲地玩耍。

2. 提供有挑战性的游戏,让幼儿在游戏中体验到成就感

游戏对于幼儿的魅力还体现在,游戏中,幼儿可以在无外界压力的情况下挑战自己的能力,体验到成就感。同在游戏中获得自由、得到放松一样,成就感的体验也是游戏的一种魅力。

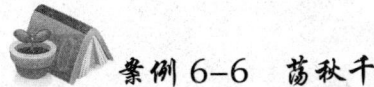

案例6-6 荡秋千

动物园的孔雀园旁边有几个秋千架,有幼儿玩的,有成人玩的。成人玩的是一块长方形的铁板,两头由两根粗粗的铁链吊着,可以一个人荡,也可以两个人荡。女儿丫丫生日那天,我们又去玩。丫丫本来是在荡小秋千,过了一会儿,她也想玩爸爸妈妈玩的大秋千,爸爸就让她上来了。丫丫站在爸爸的前面,可是爸爸必须两只手握住铁链,无法保护她,只有靠她自己抓牢铁链,结果丫丫荡得很开心。我们停下来,请丽丽也上来,站

在我的面前，抓牢铁链。就这样我们四个人荡了起来，两个小朋友站在我们面前，其实那时我们很担心，要是出了什么事我们根本来不及保护。我们怕孩子们害怕，就在秋千上唱歌，结果，我们四个人在秋千上荡了近10分钟。

两个4岁的孩子可以荡那种没有保护的成人玩的秋千，保持那么好的平衡。为什么孩子在游戏时常常会有超常的发挥？

为了满足幼儿的这一需求，教师必须适时地为幼儿提供有难度、有挑战性的游戏。有不同经验的孩子对不同的目标有着不同的适应能力，因此挑战性游戏要根据孩子的具体情况设置难度。太难，会失去趣味性，孩子们会没信心；太容易，则会失去趣味性和训练价值，孩子们会觉得没意思。

例如，控制自己的身体动作和情绪都需要一定的能力，在游戏中，幼儿就可以轻松愉快地获得这种能力，还能从中体验到挑战自己的成就感。

 **案例 6-7　开始和停止**

【游戏目的】

锻炼幼儿的情绪转换能力。

【游戏准备】

《开始和停止》的音乐。

【游戏玩法一】

告诉幼儿：等一会儿老师要播放一段音乐，音乐开始的时候，你可以根据音乐的节奏随意地做自己喜欢的动作，当音乐停止的时候，你要马上停下来，并保持自己的造型不变。

【游戏玩法二】

音乐开始的时候，小朋友们快速地模拟洗手动作；音乐停止的时候，教师用非常温柔的语言引导："闻闻看洗得香不香。"音乐又开始了，小朋友们继续快速地模拟洗手动作，随音乐如此反复。游戏中，还可以模拟洗衣机的动作，音乐停止的时候，教师的引导语可以是："拿起来看看洗干净了没有。"也可以模拟电风扇，音乐停下来的时候，教师的引导语可以是："体会一下，凉快了吗？"

【游戏玩法三】

音乐开始的时候教师引导小朋友们做各种律动。动作的要求是能够让小朋友们充分兴奋起来。音乐停止的时候，教师用动作引导小朋友们放松，同时用抒情的语气提出一个简单的问题，比如，你几岁啦、1加1等于几呀、你叫什么名字、你爸爸在哪里工作、我们在哪个幼儿园呀等小朋友们稍加思考就能回答的问题。

幼儿根据自己对音乐的理解自然而然地手舞足蹈，教师可以根据幼儿的现有能力水平，决定手舞足蹈的强度，进行必要的引导。在音乐戛然而止的时候，动作停止，教师向幼儿提问他们略加思考就可以回答的问题。在回答的时候，他们的情绪自然就进入一定程度的抑制状态。活动照此方式随音乐反复进行，音乐开始的时候兴奋，音乐戛然而止的时候抑制。

类似这样的游戏幼儿会乐此不疲地玩，在玩的过程中，幼儿的情绪转换能力可以在轻松愉快的氛围中得到很好的发展，同时幼儿也会体验到挑战自我的成就感。

3. 变换玩法，在保持吸引力的同时扩展教育价值

每天玩相同的游戏对幼儿来说缺少新鲜感，时间久了游戏就会失去吸引力；每天变换花样，教师在准备游戏材料时又会花很多时间和精力，游戏成为一种负担。这就要求教师具备变通能力，将类似主题的游戏、同一种类的游戏材料变换出不同的玩法，实现不同的教育价值。

（1）相同主题游戏的不同玩法

例如，以"两只老虎"为主题的游戏，最传统的玩法是根据歌词做相应的动作。可以变换的玩法有：

玩法一　快速指出来

【游戏目的】

准确感知身体部位，培养听动统合能力。

【游戏玩法】

利用《两只老虎》的旋律改变歌词来唱，要求小朋友们快速地指出老师唱到的身体部位。老师可根据小朋友们的情况，说一些平日较少提及的身体部位，例如下巴、胳肢窝、胳膊肘等。

"两只老虎真奇怪，一只没有下巴、一只没有胳肢窝……"

玩法二　看谁找得快

【游戏目的】

培养听动统合能力、快速反应能力，培养初步的识字兴趣。

【游戏准备】

与身体部位相对应的字卡（如：眼睛、耳朵、鼻子、嘴巴等）。

第六章 打造魅力班级游戏活动的策略

【游戏玩法】

利用《两只老虎》的旋律改编歌词来唱,要求小朋友们快速地将与老师唱到的身体部位相对应的字卡找出来。

(2)相同游戏材料的不同玩法

将相同的游戏材料变换出不同的玩法,不但可以衍生出新的教育价值,还可以在保持对幼儿吸引力的同时培养幼儿的创造力,同时可以节约教师的时间和精力。

例如,同样是呼啦圈,教师对它进行简单的改变就可以变换出不同的玩法。

玩 法 一

将呼啦圈摆成一排,小朋友的双脚从一个圈跳入另一个圈。可以进行几个小组的比赛。

价值:锻炼幼儿的平衡能力、运动能力、本体知觉。

玩 法 二

将呼啦圈当作车轮,沿着车道向前滚动,滚动之后马上放手,倒下之前必须用手扶住,然后继续向前滚动。两人比赛,看谁滚动得既快又稳。(限定车道,车道可从宽变窄,提高难度)

价值:提高身体的平衡能力,促进上下肢的活动能力和协调性,增强规则意识,发展反应能力、本体知觉。

玩 法 三

用固定好的托盘随意往高空抛沙包并接住。

价值：促进上肢、手眼协调、视觉追踪能力的发展，提高反应能力。

玩 法 四

两个小朋友面对面，相隔一定的距离，互相用托盘抛接沙包。

价值：根据对方的距离不断尝试、调整抛球的力度，提高思考判断能力；准确判断目标物的距离，发展本体知觉和视觉追踪能力，协调上下肢，提高身体的灵敏性和协调性；提升合作能力。

策略50 教师无为而为，彰显游戏魅力

1. 忘却"师道尊严"，全情投入，体验游戏魅力

幼儿之所以不喜欢教师组织的游戏，很大一部分原因是教师缺乏游戏精神，不管在什么样的游戏中，教师都像一个局外人，在那里观察着，自认为适时地指导着，自身却很难全身心地投入到游戏中去体验游戏的魅力。而体验性恰恰是游戏精神最迷人的特性，它使人沉浸在活动中，以忘我的激情和真切的感受展示自我、实现自我。游戏虽是一种虚拟的活动，但它的体验是真切的，它使游戏者获得了愉悦满足的感受和积极乐观的人生体验，使游戏者乐在其中，以一个参与者而非旁观者的角色逐渐进入"忘我的境界，与游戏融为一体"。即使在挑战性游戏（诸如听动统合、视动统合等游戏）中，虽然教师为了保持游戏的教育价值（实现对幼儿听动统合能力、视动统合能力等的培养），需要对游戏进行组织、观察、记录与指导，但也要以一定的角色（例如裁判员）融入孩子们的游戏。教师只有忘却教师的身份和年龄，和孩子一样全身心地投入到游戏中，体验到游

戏本身的乐趣，才能真正感受到游戏的魅力。教师也只有自己切身体验到游戏的魅力，才会理解幼儿在游戏中的全情投入，才不会去贸然指导幼儿的游戏、破坏他们的游戏。

案例 6-8 "走，狗妈妈带你们吃骨头去！"

记得有一天晚饭后，女儿和她的朋友在客厅玩，工作了一天的我很疲劳，在餐桌后的椅子上看她们玩。她们将沙发垫扔在了地上，就在沙发和地板之间上蹿下跳。

疲惫的我看见地板上大大的沙发垫，多么像一张床，就走过去，整个人朝下趴在了沙发垫上，像堆烂泥，顿觉浑身松软。当我趴上去的一刹那，我觉得这样的趴法多么放松、多么舒服，我以前怎么不知道呀？！我至今都记得那时的感受。我就这么趴着，也没搭理孩子们。

过了一会儿，两个孩子一边一个，直往我怀里钻，一边钻一边娇滴滴、嗲兮兮地喊："狗妈妈！狗妈妈！"听她们叫的时候我觉得很温暖，觉得孩子们多么需要我。我伸出手将两个宝宝揽进怀里，说："走，狗妈妈带你们吃骨头去！"

有勇气做"狗妈妈"的老师一定是孩子们喜欢的老师，"狗妈妈"带孩子们玩的游戏孩子们一定会喜欢。

2. 摈弃指令，让幼儿成为游戏的主人

为了使幼儿的游戏更"逼真"、"有趣"，更有"教育意义"，教师往往亲自指挥幼儿游戏，一心将游戏导向自己心中的形式，幼儿则在教师的

"精心"安排下消极地模仿，为教师的任务而进行所谓的"游戏"。与本章前面提到的两个游戏（"小熊请客"和"三只蝴蝶"）类似的游戏活动在幼儿园里屡见不鲜。教师可谓"用心良苦"，幼儿却"无动于衷"。如何避免"枉费心思"呢？

在游戏的准备中，教师要避免事无巨细，不要处处越俎代庖、为幼儿布置好一切。过于精致，过于真实、方便的环境布置会限制幼儿想象力、创造力的发展，表面上幼儿自己在玩，实际上这种"玩"更多的是教师导演、安排下的"被玩"、"被游戏"。

案例 6-9　什么都没有的娃娃家

今天，中（1）班的很多小朋友都想去娃娃家，按照惯例，没有拿到娃娃家进区卡的小朋友只能选择去别的区域。李老师今天突发奇想：教室外面的楼梯下空空如也，索性把那里也当成一个娃娃家，不过不知道孩子们是否接纳空空如也的娃娃家。没想到刚一提议，就有好几个孩子抱着娃娃去了那里。只见他们拿来一个小椅子给娃娃当餐桌，拿来一个纸盒子给娃娃当摇篮，拿来几块积木当厨房用具，最后，他们还商量怎么把娃娃家重新装修一下，让它变得更漂亮……几个孩子玩得不亦乐乎，似乎比仿真娃娃家的孩子们玩得更有兴致。

可见，在游戏环境创设中适当地留白不但能支持游戏的开展，而且对幼儿的创造力是很好的锻炼，同时还能起到丰富游戏内容与主题的作用。

在游戏的指导上，教师要明确幼儿才是游戏的真正主人，要把游戏的主动权交还给幼儿；教师要根据幼儿在游戏中的表现和反应，及时地以恰

当的方式回应。

在"娃娃家"游戏中扮演"爸爸"、"妈妈"的幼儿为谁买菜、谁烧饭争吵起来了,"妈妈"说:"老师说的:妈妈烧饭,爸爸买菜。"而"爸爸"不想买菜却想烧饭,因而两人争吵起来。

可见教师过多地启发、干预和硬性规定有时不仅不能保证游戏的顺利进行,反而会使幼儿失去独立解决问题的能力。

案例6-10 买冰激凌

老师看到扮演冷饮店售货员的幼儿将棒冰等放在桌子上等顾客来买,场面显得冷冷清清的。于是她以顾客的身份去买冷饮:"售货员,我想买一个足球冰激凌,可是不知道价钱是多少。""售货员":"那好办,我来写一张价格表。"教师买好冰激凌后假装吃,走了没几步,她又转回来对"售货员"说:"你这冰激凌化了。我上次在食品店买的可是一点儿也不化的呀,这是为什么呢?"幼儿甲:"让我们想一想。"幼儿乙:"哦,我知道,把冰激凌放到箱子里就不会化掉了。"听了幼儿的话,教师满意地笑了,孩子们已开始忙着制作冰箱了。

案例中的教师以角色身份来帮助幼儿丰富游戏情节,深化游戏的主题。这种指导充分尊重了幼儿在游戏过程中表现出来的自发性和主动性,发挥了幼儿的积极性和创造性,同时也增强了游戏的连贯性与逻辑性,促进了游戏水平的提高。

本章参考文献

[1] 陈益. 游戏：放松的智慧 [D]. 南京：南京师范大学，2003.

[2] 陈泽铭. 幼儿园音乐有效教学六讲 [M]. 上海：华东师范大学出版社，2012.

[3] 黄进. 论游戏精神的衰落 [J]. 中国教育学刊，2003（9）.

[4] 彭海蕾. 幼儿园游戏教学研究 [D]. 兰州：西北师范大学，2002.

第七章 打造魅力班级集体活动的策略

班级之所以称为班级，并不是简单的人数相加，而是集体特性的体现。班级集体活动并不等同于统一教学、统一活动，而是教师根据幼儿的年龄特点，在符合幼儿接受能力的前提下，打造集体活动，致力于培养班级的集体感，促进班级每一个成员的发展。

策略51 有魅力的班级生日活动

目前，部分家长热衷于让孩子在幼儿园过生日，希望孩子在轻松、愉快的集体生日活动中体验来自教师及同伴的关心和爱护，并与他人分享自己的幸福和快乐。的确，笔者在和幼儿的交流中发现，孩子们往往都喜欢和小伙伴一起过生日。

 打造幼儿园魅力班级的64个策略

案例7-1　生日祝福

【活动目标】

1. 能感受到同伴及教师的关心。

2. 知道自己长大了。

3. 体验到集体活动的快乐。

【活动准备】

1. 环境布置：每学年的开学，教师与幼儿一起在教室四周的墙壁上张贴12个月份的底板图（有些是水果形状的，有些是动物形状的，有些是房子形状的……），在每个月份的底板图上插上本月过生日的幼儿的照片，让孩子们抬头即可看到自己的生日是在哪个月份，以及哪些小伙伴是和自己在同一月份过生日。

2. 请过生日的幼儿的家长准备好孩子婴儿期的照片（有条件的，可以把幼儿成长的照片制成PPT）。

【活动流程】

1. 唱生日祝福歌，教师牵着过生日的孩子入场。

早上，全体幼儿拍着手给当天过生日的孩子唱生日祝福歌，老师牵着小寿星的手缓缓走进教室，让小寿星做自我介绍，并说说自己的感受。

2. 展示PPT（或过生日幼儿的婴儿期照片），感受成长的变化。

请过生日的幼儿在生日当天展示自己婴儿时期的照片，进行自我介绍。若是准备有PPT的，教师帮助幼儿播放PPT，展现小寿星的成长变化历程，让孩子们和小寿星一起感受成长的神奇，感受长大过程的奇妙变化，感受父母对自己的付出与辛劳。

3. 送上祝福语，让幼儿感受到同伴的关心。

由老师带头，每个人都给过生日的幼儿一个拥抱，献上一句祝福的话。

4. 送上生日礼物。

还可以让班上的幼儿思考，除了给小寿星送上一句祝福的话以外，还可以送什么样的礼物给小寿星呢？在当天，可鼓励幼儿合作或用自己的方式给过生日的幼儿制作礼物。有些幼儿可能会制作贺卡，有些幼儿可能会画画，有些幼儿可能会折纸等，要鼓励幼儿用不同的方式制作自己的礼物。

在离园前，可利用等待家长来接孩子的间隙，让小伙伴们给过生日的幼儿送上自己制作的礼物。

【活动建议】

教师用手中的照相机进行记录，拍摄下最幸福、最难忘的时刻。可以把照片冲洗出来，张贴在班级生日活动专区，还可以把照片上传到班级QQ群的群共享空间，这样不仅利于幼儿回味生日的快乐，也利于家长了解孩子在幼儿园的情况，利于家园之间的合作与沟通。

在上述案例中，教师在教室周围的墙壁上张贴了12个月份的底板图，在每个底板图上插上本月过生日的幼儿的照片。这不仅让幼儿逐渐感受到自己生日的临近，而且增进了孩子之间的相互了解和友情，使他们对同伴的生日心中有数。

当天早上，教师牵着小寿星的手缓缓走进教室。过生日的孩子可以深深地感受到全班小朋友的眼光都集中在自己身上，都在盯着自己，为自己送上默默的祝福。对于年龄小的幼儿而言，这么多同伴的关注能够让他充

分感受到幼儿园生活的幸福与快乐，而这样的生日活动还能培养幼儿在活动中大胆表现自己、大胆与同伴交往的能力，增强自信心，给幼儿营造宽松、快乐的心理环境，有利于舒缓幼儿的入园焦虑，使幼儿更好地适应幼儿园的生活。

案例 7-2　集体生日庆祝会

【活动目标】

1. 感受到与同伴集体过生日的乐趣。

2. 感受到园长、教师及同伴对自己的关心。

3. 敢于在同伴面前大胆地进行表述。

【活动准备】

1. 环境布置：每学年的开学，在班级利用废旧的生日蛋糕盒子等做个大转盘，贴上每个月份的标记和每个幼儿的照片。这样一来，每个幼儿在哪个月过生日就一目了然了。

2. 礼品箱：每班的教师和幼儿在手工区设置一个礼品箱，请孩子们按照自己的意愿进行简单的装饰。在集体过生日的前两天，教师请幼儿为本月过生日的孩子制作礼物，放置在礼品箱内。幼儿也可以从家里带来各种各样的小礼物，放置在礼品箱内。

【活动流程】

1. 集体过生日的幼儿一一做简单的自我介绍。

每个月中旬的星期一，幼儿园为本月出生的孩子集体过生日。在这天早上，幼儿园小朋友进行升国旗仪式后，幼儿园所有在本月过生日的小寿星们戴上生日皇冠，在全体小朋友面前做简单的自我介绍，如"我叫

×××，今年×岁了，是×班的"。

2. 园长给幼儿园集体过生日的孩子送上祝福。

幼儿一一自我介绍后，由园长为本园所有在本月过生日的孩子献上精彩的生日祝辞。

3. 赠送生日卡和礼物。

让孩子们、老师们向所有在本月过生日的幼儿赠送生日卡和礼品（这些礼品都来源于每个班级的礼品箱）。

4. 本班教师主持班级的庆祝活动。

（1）活动"猜猜他们是谁"。

回到班上后，由本班的老师继续主持本班的生日庆祝活动。老师展出事先粘好的小寿星们婴儿时期的照片，进行"猜猜他们是谁"的活动。在欢乐的猜测活动中，幼儿感受到自己真的长大了，样子、身高都和小时候有了明显的不同。

（2）幼儿和教师一起表演节目。

教师和幼儿为过生日的孩子表演节目。节目可以是幼儿表演的小歌舞、儿歌或教师表演的短剧等，形式不一。不强求表演的效果如何，只要参与即可。

【活动建议】

1. 教师用手中的照相机进行记录，拍摄下最幸福、最难忘的时刻。可以把照片冲洗出来，张贴在班级生日活动专区，还可以把照片上传到班级QQ群的群共享空间。

2. 可以和家长沟通，在家长有条件的情况下，请家长到幼儿园参加幼儿的集体生日活动，请家长在活动中为孩子们祝福，并邀请家长们参加接下来的班级庆祝表演活动。

在本案例中，采用了幼儿园为本月出生的孩子集体过生日的形式，增强了孩子的集体意识，也烘托出生日活动的热闹氛围。

当天早上，所有本月过生日的孩子在全园几百个小朋友的注视下进行自我介绍，在全园所有小朋友的目光中接受园长的生日祝福。这不仅培养了孩子们在集体面前大胆表述的能力，也增强了他们的信心与自豪感，同时也能让他们感受到幼儿园所有老师、小朋友对自己的祝福与关心，真是一举多得。

集体生日活动比较容易把家长请进幼儿园，家长在这样的活动中，不仅能亲自为孩子们送上生日祝福，更能展示才艺。参与班级生日庆祝活动，有利于提高家长在孩子们心目中的威信，也有利于家园之间的合作与交流。

组织集体生日活动应该注意以下两个方面：

1. 避免幼儿形成攀比心理

孩子过生日，小伙伴间会相互赠送礼物。有些家长为了面子的问题，而有些家长则可能是为了炫耀自己的富裕，让孩子给过生日的小朋友送上昂贵的礼物。其他孩子看到后，也会要求父母给过生日的小朋友买奢华的生日礼物，结果使生日礼物不断加码。如此只会滋长幼儿间的攀比之风，导致不良人际关系的产生。因此，教师要引导家长严格控制生日礼物，送给小伙伴的生日礼物以自制礼物为主。

2. 不影响幼儿园正常的活动

部分家长在孩子过生日时，让孩子带生日蛋糕及大量零食来幼儿园，与小朋友分享。虽说这能引导幼儿间学会分享,但是,大量的零食及蛋糕被幼儿分享后,当天孩子的正餐量会大大减少,影响了幼儿园正常的进餐活动。因此,孩子过生日时,可以带一个蛋糕来幼儿园和小伙伴分享,但是,不建议带其他零食来园。

策略52 有魅力的班级节日活动

"六一"儿童节从其确立之初,直至今日,已经成为我国最为普遍的节日之一。在6月1日这一天,社会人士及家长们都在用自己的方式和孩子一起庆祝"六一"儿童节。而在幼儿园里,"六一"儿童节庆祝活动更是隆重。

 案例7-3 快乐的"六一"儿童节

【活动目标】

1. 大胆地在集体面前进行特长表演。
2. 体验活动的快乐。
3. 能尝试和同伴一起参与活动的策划。

【活动准备】

事先发出通知,邀请家长参与;幼儿自备少量零食;教师事先准备好游园的项目及礼物(糖果等小零食);水果若干。

【活动流程】

1. 多方合作,策划"六一"儿童节活动节目。

(1)教师请幼儿根据自己的特长,踊跃报名参加表演。

教师请幼儿根据自己的能力与特长，报名参加"六一"儿童节活动的表演（可以是幼儿自己参加，也鼓励家长与孩子一起同台演出）。幼儿或家长可以讲故事、念儿歌、唱歌、合作表演小品、展示绘画或手工制品，甚至是进行"时装表演"等。教师把节目报名汇总后，与幼儿一起商量演出的顺序，张贴在"家长园地"栏目里。

（2）征求家长与幼儿的意见，确定班级游园项目。

请家长与幼儿对班级游园活动提建议，教师根据意见和建议，确定本班的班级游园项目。

2."六一"儿童节庆祝活动。

（1）节目演出。

请幼儿和家长按照节目表的安排进行表演，教师用摄像机或照相机进行拍摄记录，活动后把照片上传至班级QQ群共享，与幼儿、家长一起分享。

（2）班级游园活动。

教师与幼儿、家长一起，在教室内外布置游园场所，让孩子与家长参与游园活动。

（3）班级分享活动。

教师和家长、幼儿一起，收拾场地，摆放桌椅，在桌面上摆放事先准备好的水果。孩子们拿出自己带来的零食，大家一起边交流边分享食物。

3.收拾场地，结束活动。

【活动建议】

1.在活动前，教师和本班幼儿一起商量班级环境的布置。商量好如何布置后，教师和幼儿一起动手布置教室。

2.演出的节目不在于是否精彩，而在于幼儿是否参与，要关注演出过程中幼儿的愉快体验。

3. 确保每个孩子都有上台的机会，可以是单人表演，也可以是小组表演。

该庆祝活动的设计，突出了家长与幼儿的参与。幼儿不再是教师指挥下的傀儡，他们参与班级环境布置的讨论，与教师一起确定班级教室如何布置。他们根据自己的特长，决定是自己单独登台还是与父母、同伴合作演出。他们和家长、老师一起，讨论班级游园活动应该包括哪些项目。活动充分体现了幼儿的自主性与参与性，有利于幼儿自豪感的激发。

而在整个庆祝活动中，幼儿与家长不需要花太多的时间去排练，因为活动不看重演出的效果，而是看重演出的"笑果"，即只要演出能让大家开心就好。此外，该方案的设计增加了家长、教师与幼儿一起坐下来交流、分享的环节，弥补了平时教师与家长之间、家长与家长之间交流的不足，可谓一举多得。

案例 7-4 "六一"义卖活动

【活动目标】

1. 丰富幼儿的角色体验，培养幼儿乐于奉献的品质。
2. 体验活动的快乐。

【活动准备】

1. 事先发出通知，请家长和孩子一起准备要义卖的物品，并在义卖物品上贴上价格标签。
2. 请家长为孩子准备一些零钱，以方便幼儿找钱。

3. 邀请各班家长委员会成员协助义卖活动的开展。

【活动流程】

1. 设立本班的义卖展台。

每个班的教师与幼儿一起设立本班的义卖展台，作为本班的义卖场地。可以鼓励幼儿给展台命名，如"爱心大卖场"、"跳蚤市场"等。

2. 设立一个班级募捐箱。

利用一个废纸箱，制成本班的募捐箱，可以让幼儿在上面进行简单的装饰。

3. 义卖活动。

幼儿站在班级的义卖展台后，摆出自己义卖的物品，开始义卖。教师提醒幼儿，要学会大胆地推销、介绍自己的义卖物品，并把义卖所得的钱放入班级募捐箱内。自己的物品卖完后，幼儿可以去其他班，欣赏其他班级的义卖物品，若有意愿，也可以购买其他幼儿的义卖物品。

4. 义卖活动结束，清点义卖所得。

教师与幼儿一起把班级募捐箱中的钱币取出，一起清点，把义卖所得装入信封内，写明班级所捐钱款，并向大家公布本次义卖的总金额。

5. 教师与幼儿收拾场地。

教师与幼儿一起收拾场地，结束活动。

【活动建议】

1. 义卖物品的要求：七八成新，必须是无毒的、安全卫生的。

2. 义卖的物品需经家长的同意。

3. 该活动应该在幼儿已经认识人民币，并能进行简单的加减运算的基础上进行。

第七章 打造魅力班级集体活动的策略

每次庆祝"六一"儿童节，人们总会想起精彩的节目表演。但是这次，在不一样的庆祝"六一"儿童节的活动中，每个孩子都有机会扮演"卖者"与"买者"的角色，他们认真地推荐自己的物品，大胆地叫卖，不仅提高了幼儿的人际交往能力，也丰富了幼儿自身的经历。同时，在义卖活动中，幼儿要介绍物品的售价，甚至要找零钱给买家，无疑也促进了幼儿对数学知识的运用。

这样的庆祝活动没有事前紧张的排练，也没有个别幼儿失落的旁观，整个活动过程是在与其他人进行交流的过程中现场建构的，每个幼儿都是活动的参与者，在活动中大家都能感受到自身的价值。

组织班级"六一"儿童节庆祝活动应该注意以下两点：

1. 不要让庆祝活动变成幼儿的负担

直至今日，还有部分幼儿园采用"展示型"的"六一"儿童节的庆祝活动。我们通常看到，在富有童趣的大礼堂、舞台上，孩子们穿着鲜艳的演出服，画着浓浓的舞台妆，表演着一个个精品节目。而老师则紧张地站在舞台旁边，生怕孩子们的演出有纰漏，不时地以动作指导着孩子们的演出。最后，孩子们精彩的演出博得了家长及其他观众的阵阵掌声。

但是，家长们只看到了演出成功的盛况，却没有看到日常训练的艰辛。为了这几分钟的台上演出，参与演出的孩子们在活动之前进行了长时间的排练与预演，甚至牺牲了正常的教学活动时间进行排练。在排练的时候，由于排练的单调性及幼儿的年龄特点，孩子们经常会不记得动作要求而导致教师烦躁的训斥声。可以说，这样的庆祝活动带来的更多的是孩子们的压力与紧张感，而不是快乐的体验。

因此，在庆祝"六一"儿童节时，应考虑到庆祝活动不等于精品节目演出，不要让庆祝活动变成孩子们的负担。

2. 不要让庆祝活动变成"优秀幼儿"的展示台

我们还经常看到这样的情景："六一"儿童节庆祝活动，每个班级出一个节目，为了演出的成功，教师首先要挑选出参与演出的孩子，这些被挑上的孩子，往往是那些比较外向的、表演能力较强的幼儿，而其他幼儿则只能做台下的观众。试想，这样的庆祝活动岂不是变成了"优秀幼儿"的展示台？坐在台下充当观众的孩子，却被剥夺了表现的机会。因此，在庆祝"六一"儿童节时，要考虑到每个孩子都能参与活动，确保每个孩子都有平等的表现权。

案例 7-5　粽子飘香——欢度端午节

【活动目标】

1. 尝试包粽子，锻炼小肌肉动作。

2. 了解粽子的由来，喜欢参加活动。

3. 体验集体活动的快乐。

【活动准备】

1. 糯米、绿豆、细棉绳、剪刀、五花肉及调制馅料的调味品等，教学PPT（展示各式粽子）。

2. 教师事先与家长沟通，联系到会包粽子的家长若干。

3. 请一位参与活动的家长在端午节当天提前来幼儿园，帮忙泡好糯米、调好馅料。（这主要是考虑到很多教师自己也不清楚如何调制粽子馅料及处理糯米）

【活动流程】

1. 谈话活动，了解粽子的由来及特点。

（1）感知各式粽子的外形与内部馅料的不同。

教师展示各式粽子的PPT，引导幼儿观察并思考"都有些什么样的粽子"、"你吃过什么样的粽子"等，引导幼儿关注各式各样的粽子，关注粽子内部馅料的不同。

（2）了解粽子的由来。

教师以提问的方式引发幼儿的思考——"为什么人们要在端午节这一天包粽子"。然后，教师讲述故事，帮助幼儿了解粽子的由来。

2. 包粽子。

（1）教师请出家长嘉宾，带领幼儿一起观看包粽子所需的原料。

（2）家长、教师带领幼儿一起清洗粽叶（年龄小的幼儿可以帮助递送粽叶）。

（3）开始包粽子。教师在每组的桌面上摆放粽叶、糯米、馅料、绳子及小剪刀等，让幼儿开始包粽子。尽可能每组都安排一位家长指导幼儿，教师巡回指导。

3. 煮粽子。

教师与幼儿一起，把包好的粽子送到厨房，请厨房的叔叔阿姨帮忙煮粽子。

4. 分享粽子。

粽子煮好后，幼儿、教师及家长一起分享粽子。多余的粽子可以让幼儿带回家，请家人分享。

【活动建议】

1. 如今年轻的父母可能大多数都不会包粽子了，可以联系幼儿的奶奶、姥姥们，老年人会包粽子的可能性较大。

2. 说起包粽子，很多人往往会选择包三角形的粽子，但这对于部分幼儿而言存在着一定的难度。因此，也可以让幼儿尝试包长方形的粽子。

3. 绑粽子对于幼儿而言难度较大，需要成人的帮助。

说起端午节的庆祝，人们想到的往往是吃粽子、看龙舟赛。但是，该班级的庆祝活动以包粽子为切入点。可以说，很多孩子的父母都未曾包过粽子，当孩子们提着自己包的粽子回家时，或展示自己包的粽子时，该有多么自豪和骄傲。这样的庆祝活动无疑会丰富幼儿的经历，让很多幼儿感受到人生又一个"第一次"体验——第一次包粽子。

这样的庆祝活动需要请家长参与，家长的参与不仅能让家长了解幼儿在幼儿园的表现，而且能帮助家长了解幼儿园和幼儿园的教学。

案例 7-6 圆圆的汤圆——欢度元宵节

【活动目标】

1. 能用搓、团等方法制作汤圆。

2. 了解元宵节的风俗习惯。

3. 积极参与班级环境布置，喜欢参加活动。

【活动准备】

糯米粉、汤圆馅料、水、托盘、干净的塑料布、电磁炉、勺子、锅等。

【活动流程】

1. 谈话活动。

教师请幼儿说说人们如何欢度元宵节，启发幼儿回忆已有的相关经验，大胆进行表述。

2. 布置教室。

（1）教师与幼儿一起商量如何布置教室，突出元宵节的热闹。

（2）教师与幼儿一起动手布置教室。

3. 制作汤圆。

（1）教师和幼儿动手和糯米粉。

教师出示糯米粉及水，与幼儿一起和糯米粉，提醒幼儿慢慢往糯米粉中注入水。若糯米粉还是较干，可以再慢慢注入少量水。

（这一环节对于幼儿而言，有一定的难度。因此，也可以是教师和糯米粉，幼儿在一旁观察，重点引导幼儿观察随着注入水量的逐渐增加，糯米粉状态的变化）

（2）幼儿团汤圆。

教师把和好的糯米粉分发到各组，在每组的桌面铺上干净的塑料布，放上托盘。提醒幼儿，可以先在托盘内把少量的糯米粉搓成条形，然后从条形的糯米团上揪下一小块，团成圆形。（能力强及大班的幼儿可以包有馅料的汤圆，要提醒幼儿把汤圆团成形后，用手指从汤圆顶上轻轻压出一个凹坑，把馅料放入凹坑内，把汤圆顶部捏拢，再团成圆形）

4. 煮汤圆。

由于幼儿团的汤圆数量较多，所以可以边团汤圆边煮。每组请一个代表把团好的汤圆端上来给教师。教师使用电磁炉和锅，给幼儿煮汤圆。

5. 分享汤圆。

汤圆煮好后，教师与幼儿一起分享，还可以让幼儿邀请园长、隔壁班级的教师和小朋友前来分享。

【活动建议】

煮汤圆环节存在着安全隐患，刚开始教师提议把汤圆送到厨房请厨房的工作人员帮助煮汤圆，但是幼儿不乐意，他们希望能在自己班上煮汤圆，看着汤圆慢慢变熟。因此，教师可以选择在班上煮汤圆，但一定要把电磁炉放在幼儿碰不到的角落，要有一位教师一直守在电磁炉旁，确保安全。

可以引导幼儿观察煮熟前的汤圆和煮熟后的汤圆有何区别。

元宵节到来时，很多教师往往是让幼儿收集花灯，把花灯挂在教室内，然后分享大家带来的零食。但是，这样的庆祝活动给幼儿带来的快乐体验是短暂的。该教师考虑到吃汤圆是元宵节的习俗，而幼儿也已经掌握了搓、团的技巧，因此以装扮教室、团汤圆为主要内容，设计了这一活动方案。该活动方案以幼儿的参与性为主，幼儿参与教室的布置，在确保安全的前提下，幼儿参与汤圆制作的每一个环节，并能亲自品尝自己的劳动成果，有助于幼儿自信心的建立。

幼儿邀请园长、其他班级教师及幼儿参与分享活动，不仅给幼儿创造了主动交往的环境，也有利于幼儿的成果得到其他人的认可，能极大地鼓舞幼儿的士气。在方案设计中，教师考虑到幼儿能力的差异性，考虑到不同年龄幼儿的差异性，对不同的幼儿提出了不同的要求，有些幼儿可以团无馅的汤圆，有些幼儿可以团有馅的汤圆，确保每一个幼儿都能体验到成就感。

第七章 打造魅力班级集体活动的策略

策略53 有魅力的班级郊游活动

自然万物生机勃勃，大千社会变化万千，大自然对幼儿的吸引力是无穷的。因此，郊游活动一直备受幼儿的欢迎，大自然的一草一木都能吸引幼儿的注意力。

 **案例7-7 我们的郊游我们做主**

【活动目标】

1. 能尝试自主安排自己的活动。

2. 大胆参与活动，体验到集体生活的快乐。

3. 能尝试自己服务自己，不依赖他人。

【活动流程】

1. 制订个人春游计划书，做好春游前的安排。

（1）确定春游的地点。

教师请幼儿与家长一起，提出自己认为合适的春游地点。教师把幼儿提出的春游地点一一罗列于黑板上，请幼儿投票，统计幼儿的投票情况，少数服从多数，确定春游的地点。

（2）依据个人计划书，做好春游前的准备工作。

教师请幼儿在计划书上用自己的方式标注在春游前要准备的物品，如零食、帽子、水等，并请家长带着孩子去超市，给孩子一些零花钱，让孩子自己购买自己需要的零食。

2. 在春游地住宿。

以往的春游活动都是当天去当天回。但是，幼儿对于在外住宿其实是很感兴趣的。因此，在安排春游活动时，可以安排在春游地住一晚。

大班的幼儿可以尝试自己一天的独立生活，独自在教师的带领下住宿一晚。在教师的指导下，幼儿自己梳洗，自己洗袜子，自己整理床铺，自己整理自己的物品，学会有序地做好每件事情。中、小班幼儿的独立性及动手能力均有待提高，因此，建议邀请父母同往，孩子可以和父母一起洗衣服、一起整理床铺等。

3. 郊游。

好好睡了一觉，可以带领幼儿奔向大自然，开始郊游了。一觉醒来，孩子们开始了欢乐的郊游。可以让幼儿在草地上尽情地奔跑，听听小鸟的叫声，在草丛中找找小虫子……

除非外出旅游，幼儿很少有在外住宿的机会。但是，在外住宿带给了幼儿极大的新鲜感。因此，在该郊游活动方案中，加入了在郊游地住宿一晚的安排。在外住宿，听听夜晚的蛙鸣、虫叫，对幼儿来说，可谓是新奇的经历。在外住宿，还能锻炼幼儿自我服务的能力。虽然第一次离开父母独立生活，难免会出现这样或那样的问题，如洗袜子时把自己全身都弄湿了，整理东西后才发现丢三落四等。但是，在这一过程中，孩子们自我管理、独立生活的能力得到了锻炼，孩子们品尝了独立生活的滋味，也体验到了过集体生活的乐趣。

在郊游时，要引导幼儿关注大自然中的花草树木、飞鸟虫鱼，这何尝不是观察自然、陶冶性情的好时机。孩子们在一个又一个惊喜的发现中，不仅感受到大自然的奇妙，更能感受到集体生活的快乐。

第七章 打造魅力班级集体活动的策略

该活动方案的设计，还突出了幼儿的自主性。幼儿自主决定去哪儿春游，他们自己提出春游地点的选择，当然，这样难免出现众口难调的现象，因此，教师让幼儿学会了民主投票的方式，让幼儿知道投票在生活中的运用。即使是决定春游要带什么物品、要购买什么零食，教师也都把决定权及购买权交给幼儿，让他们能真正做自己的主人。

策略54 有魅力的班级制作活动

幼儿喜欢动手，动手的过程满足了幼儿多方面的需要。因此，教师也可以开展有魅力的班级制作活动。

 **案例7-8 有趣的编制"草鞋"活动**

【活动目标】

1. 能和成人一起尝试编制草鞋。
2. 积极参与活动，能感受到活动的快乐。

【活动准备】

1. 稻草秆、展示各式稻草制品的PPT。
2. 事先联系会编制草鞋的老爷爷。

【活动流程】

1. 教师与幼儿一起观看教学PPT，欣赏各种稻草制成的作品。

教师播放教学PPT，请幼儿观看并提问："稻草被用来做成什么东西？你见过吗？在哪里见过？"

指着PPT上的草鞋提问"这是什么鞋子"、"它们是用什么做成的"、"什么人会穿草鞋"、"你见过别人穿草鞋吗？为什么"等，引导幼儿欣赏稻草制成的作品。

2. 编制草鞋。

教师请出老爷爷，让老爷爷展示自己编制的草鞋。请幼儿观察并动手摸摸，引导幼儿观察草鞋的细节。

教师展示准备好的稻草秆，让幼儿自己根据需要取稻草秆和老爷爷一起动手编制草鞋。

3. 作品展示及欣赏。

请幼儿把自己编制的草鞋展示出来，大家相互欣赏，教师用照相机拍摄幼儿的作品。可以让幼儿手执自己的作品或穿着自己的作品留影。

【活动建议】

1. 编制草鞋需要较大的场地，而且在编制的过程中，会有大量稻草叶子脱落，因此建议在户外树荫下进行。

2. 编制草鞋有一定的难度，若小、中班有教育资源，也可以实施这一活动方案，建议把编制草鞋改成编制草梯、草手榴弹、草环、草绳等难度较小的活动。

3. 该活动方案来源于某乡镇幼儿园，该幼儿园附近有许多稻田，稻子收割后，留下了大量的稻草秆，材料丰富。而在幼儿家长、幼儿园附近的居民中，有很多老人会编制草鞋，这为活动方案的实施做好了铺垫。可见，该活动方案的实施受外在条件的制约，是否要实施该活动方案，主要应考虑班级可利用的资源是否充足。

该活动在户外实施，孩子们在树荫下，跟着老爷爷一起编制草鞋，参与积极性很高。该活动方案以孩子们几乎没有接触过的活动为切入点，让孩子们体验到人生中第一次编制草鞋的乐趣。虽然活动有一定的难度,但由于面对的是新奇事物,所以幼儿的兴趣浓厚。由于是第一次尝试,即使编制的草鞋很粗糙,甚至是有些变形,幼儿也都能体验到极大的成就感,这有利于激发他们对类似活动的向往。

该活动方案的设计体现了区域性的特点,把本区域的本土资源进行了有效的利用。这在一定程度上弥补了幼儿园现有资源的不足,同时又能渗透环保意识的教育,让幼儿注意到生活中的很多废弃物品都可以再次回收利用,创造出新的、美好的物品。

案例7-9 美味的水果沙拉

【活动目标】

1. 能动手制作水果沙拉。
2. 体验到活动的乐趣。
3. 能尝试与同伴合作,体验到合作的快乐。

【活动准备】

1. 幼儿使用的塑料刀、沙拉酱、勺子等,展示各种水果沙拉的PPT。
2. 教师在活动前出通知,请幼儿在活动当天带一两个水果来园。

【活动流程】

1. 谈话活动,唤醒幼儿对水果沙拉的已有经验。

教师请幼儿回忆:以前吃过水果沙拉吗?在哪里吃过?你吃的水果沙拉是什么样子的?

2. 播放教学PPT,观察各式水果沙拉。

教师播放教学PPT,请幼儿思考"你看到了哪些水果沙拉"、"别人用了哪些原料来制作水果沙拉",引导幼儿观察水果沙拉的原料及不同人制作水果沙拉使用原料的不同,丰富幼儿制作水果沙拉的相关经验。

3.幼儿制作水果沙拉。

请幼儿思考"你想制作什么样的水果沙拉",引导幼儿依据自己的需要选择相应的原料。然后,让幼儿动手制作水果沙拉。先请幼儿找到自己想要的水果,把水果切成自己需要的形状,然后拌上沙拉酱。提醒幼儿注意安全,虽然刀口较钝,但是不能拿刀口对着别人的眼睛,不能拿着刀子随意走动,需要走动时,请先把刀子放好。

也可以引导幼儿分组合作制作沙拉,在制作沙拉的过程中,学会商量、分工及合作。

4.欣赏及分享活动。

幼儿把自己制作的水果沙拉一一摆放在桌子上,大家相互介绍自己的作品。然后,邀请园长、其他班级的教师和小朋友来参与班级分享活动。

【活动建议】

该活动需要大量的水果,仅凭教师的购买是很难准备齐全的,因此需要家长的帮助。但是,很多时候,由于家长不了解活动或教师出通知的方式不当,反而引发家长的不满情绪,所以教师要注意做好家长的工作。

1.在活动前,通过"家长园地栏目"向家长解释该活动的目的。

2.注意出通知的技巧。如有些教师这样出通知:"各位家长,下周一我们开展'水果沙拉'的活动,请各位家长给孩子带一两个水果来幼儿园,谢谢!"很多家长看到这样的通知,觉得教师又在使唤他们干活。因此,教师要注意出通知的技巧,可以从幼儿的角度来出通知,让家长感觉到该活动的准备不是为了方便教师,而是为了满足孩子们的需要。如一位幼儿教师如此出通知:"亲爱的爸爸妈妈,下周一是我们期盼了很久的水果沙拉

第七章 打造魅力班级集体活动的策略

活动。我们都想大展身手，亲自制作一份水果沙拉。相信我们会做得很好的！请爸爸妈妈帮我们准备一两个水果带来幼儿园。谢谢爸爸妈妈！"教师在出通知时，很有技巧地指出孩子们对活动的期望及需要，很快就获得了家长的肯定与支持。

试着回顾一下，我们不难发现，很多幼儿在娃娃家"洗洗切切"，经常忙得不亦乐乎。但是，在现实生活中，能满足他们这种愿望的机会太少了，他们只能在游戏中扮演各种角色（如妈妈、奶奶、爸爸等），以满足内心的需要。

该活动方案正是"投其所好"。教师发现了幼儿在游戏中的表现，发现了幼儿没有得到满足的需要，以此为切入点设计了这一活动方案。活动没有给幼儿带来任何压力与负担，幼儿纯粹就是在玩，在真实的情境中玩，他们洗洗切切的希望不再只是在游戏中实现，而是在真实的生活中得到满足。当"玩"够了，每人都制作好自己的水果沙拉后，大家相互欣赏与品尝，更能让他们体会到制作水果沙拉的快乐，这样的快乐体验不是短暂的，这种体验会引起幼儿对班级下次活动的无限期望。

策略55　有魅力的班级表演活动

幼儿对表演活动情有独钟，他们喜欢戴上皇冠、披上纱巾，甚至是戴上墨镜，扮演成自己喜欢的样子，在模拟的"T"型台上，摆好造型。因此，为满足幼儿的表演需要，可以开展有魅力的班级表演活动。

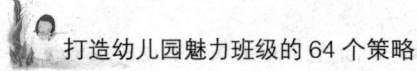

案例7-10 化装舞会

【活动目标】

1. 能用各种材料装扮自己。

2. 能大胆地参与活动，大胆地进行自我展示。

3. 体验到活动的热闹与快乐。

【活动准备】

1. 教师在活动前出通知，请家长了解活动的目的，帮助孩子准备材料（如孩子们自己用的围巾、妈妈的丝巾及大披肩、爸爸的帽子、面具等）。

2. 音乐，镜子若干，梳子若干，其他化妆工具等。

3. 活动前，教师与幼儿一起把教室布置成舞会场地。

【活动流程】

1. 交代任务，请幼儿为化装舞会做好准备。

教师提出要求，请幼儿用各种能找到的东西装扮自己，然后随着音乐走"T"型台进行展示，看看谁的装扮能带来最多的笑声。（幼儿的装扮不求精美，只要按照幼儿的想法进行装扮即可，突出"搞笑"性，只要自己开心、能给同伴带来欢乐即可）

2. 自我化装。

（1）教师展示班级提供的各种化装舞会的使用材料。

（2）请幼儿自己进行装扮。

教师巡回指导，指导给予幼儿及时的帮助，也可以引导幼儿相互帮助化装。

3. 参加舞会。

当幼儿装扮好后，先安排幼儿走"T"型台。可以单人走，也可以多

第七章 打造魅力班级集体活动的策略

人结伴走，走到"T"型台的尽头后，自己摆一个满意的造型。

然后，教师与幼儿一起跳集体舞。（播放背景音乐）

【活动建议】

1. 给幼儿足够的时间来设计造型和准备装扮的材料。

2. 以幼儿自我装扮为主，但是，幼儿往往是一边装扮一边思考，他们原先的预想往往与装扮的结果不同。因此，不必强求幼儿一定装扮成什么样子，只要幼儿能享受到装扮过程的快乐即可。

我们经常看到，女孩子用妈妈的纱巾给自己做成一条长裙，甚至是用妈妈的披肩、丝巾把自己打扮成一个印度小女孩；男孩子则戴上爸爸的墨镜，披着妈妈的披肩，扮成蝙蝠侠……教师正是关注到幼儿日常的表现与需要，才设计了这一活动方案。

该活动方案的实施，不需要太多的准备，主要是让幼儿使用家中已有的物品进行装扮，且不要求幼儿非要装扮成教师心目中认定的形象。一切由幼儿尽情地发挥，可以自由地装扮，很多幼儿往往是边动手边设计，直至最后一刻，才知道自己变成了什么模样。这样的设计没有给幼儿任何压力，没有对错之分，有的只是个性的体现。幼儿可以选择自己喜欢的服饰、道具进行装扮，"T"型台上、舞会上无主角配角之分，人人都是主角，教师和幼儿都不会去在意"T"型台上摆的造型如何，是否会跳舞，舞姿如何，只要随着音乐自由地摆造型、舞动即可。这一活动方案的设计尊重了幼儿的个体差异，也张扬了幼儿的个性。可以说，正是这样的特质使该活动受到了幼儿的欢迎。

打造幼儿园魅力班级的64个策略

案例 7-11 环保时装秀

【活动目标】

1. 尝试利用各种环保材料制作时装。
2. 勇于在集体面前大胆地进行表演。
3. 体验亲子活动、集体活动的快乐。

【活动准备】

1. 环保时装表演录像、背景音乐。
2. 事先进行表演舞台的布置。

【活动流程】

1. 师幼观看环保时装表演录像，引起兴趣。

教师和幼儿一起观看环保时装表演录像，请幼儿看看人们想出了什么样的办法，把不用的东西变成了时装。请幼儿思考用哪些材料可以做成漂亮的裙子、衣服、装饰物……怎样粘贴、装饰才可以穿在身上。

2. 制作环保时装。

教师出通知，告知家长该活动的目的及内容，请幼儿和家长一起，共同利用自然材料或废旧材料制作环保时装。

3. 亲子环保时装表演。

表演当天，幼儿穿上自己和家人一起制作的时装，和家长一起登台进行"环保时装秀"的表演，走在"T"型台上，并摆出自己喜欢的造型。

【活动建议】

由于每个人、每个家庭的创意都不一样，所以，可以和其他班级一起开展这项活动。如此一来，幼儿能看到更多的环保时装，能看到更多的创意制作。

这不仅是一次班级集体活动,也是一次亲子活动。在活动中,孩子们和父母一起设计和制作时装,有利于亲子间情感的交流。

该活动方案的设计从幼儿的兴趣入手,以多种废旧材料的拓展运用去引导幼儿感知立体造型艺术,培养了多向的思维能力和初步的环保意识,增强了动手能力,促进了合作能力,也满足了幼儿剪剪贴贴的动手需要。最后进行时装表演,幼儿和爸爸妈妈身穿利用废旧碟片、纸杯、报纸、稻草等材料精心设计制作成的一件件缤纷绚丽的服饰走在T型台上,将活动推向高潮,给幼儿带来了自豪感。

策略56 趣味班级种植活动

说到种植,由于生活环境的制约,别说幼儿,就连很多年轻的父母自己都没有机会尝试。在幼儿园里,应如何利用自然角或种植园地,开展有趣的种植活动,让种植活动成为幼儿园里的闪光点?

案例7-12 种植活动大比拼

【活动目标】

1. 参与班级的种植活动,掌握基本的种植方法。
2. 能与同伴进行合作,体验合作的意义。

【活动准备】

铲子、锄头、浇水壶等种植工具。

【活动流程】

1. 谈话活动。

教师向幼儿提问"我们的食物从哪里来",引导幼儿了解、关注农作物的生长。

教师与幼儿谈话,请幼儿讨论"我们吃的食物从哪里来"。教师与幼儿一起查阅资料,丰富植物生长的相关经验。

2. 种植活动。

教师和幼儿一起把种植角分成小块,每个小组分得一小块土地。幼儿自由分组,每组选择一种农作物的种子,然后进行种植。比一比,看看哪个小组的种子最先发芽,哪个小组的农作物最先开花结果。

教师提醒幼儿做好观察记录。

【活动建议】

1. 活动在春季开展较为适宜。

2. 种植角的植物要丰富。就目前而言,很多幼儿园的种植角中的植物过于单一。在种植角里,除了种植一些常见的蔬菜,如小青菜、豆角、菠菜等,还可以种植一些幼儿较少见到的植物,如菠萝、大豆、花生及土豆等,既有食用叶类的,也有食用根茎类的,不仅有成株生长的,也有搭架爬藤式的。

3. 种植活动不局限于地面上的种植,还可用盆栽的方式小面积地栽种,或摆放、或悬挂在幼儿园的角落,这样做就能确保种植活动的正常进行。

4. 让幼儿亲自照料这些植物,在保证幼儿安全的同时,大胆放手,让幼儿自己照料这些植物。同时,让幼儿试着捕捉草地上的蜗牛、蚯蚓及花朵上的蝴蝶,去挖土豆等,体验种植活动带来的快乐。

亲近自然、探索自然是幼儿的天性。但是，由于城市化的进程，人们生活在钢筋水泥的世界中，幼儿逐渐远离了自然，他们亲近自然的愿望往往很难得到满足。我们经常看到，回到农村的孩子，他们满足于玩弄泥巴、沙土，满足于采摘路边的野菜，满足于追赶路旁的小鸭子……在谈话活动中，当教师问及"我们吃的食物是从哪里来的"时，绝大多数孩子都会说是从商店里买来的，因为他们很少体验，甚至很少看见植物的种植和生长过程。该活动方案的设计刚好弥补了幼儿这一方面的不足，满足了幼儿亲近自然、探索自然的需要。

活动方案的设计以种植比赛为切入点，幼儿不仅参与到种植活动中，还要进行小组间的比赛，看看哪个小组的种子最先发芽，哪个小组的农作物最先开花结果。为此，幼儿会和家长一起查阅关于种子的资料，猜测哪种种子会先发芽、先开花结果，然后，在种植的过程中一一验证。这会促使幼儿每天都去关注自己的小组种植的植物，每天离园前，甚至会有些幼儿自问"我们组的植物明天会长高一些吗"，给第二天的来园留下了期盼。

本章参考文献

[1] 蔡伟忠. 跳出传统思维的幼儿园教师实用手册 [M]. 北京：农村读物出版社，2010：7.

[2] 傅晓玲. 小议幼儿园的生日活动 [J]. 幼儿教育，1997（10）：35.

[3] 李丽. 轻松如厕 [J]. 幼教园地，2011（11）：28-29.

[4] 宋文霞，王翠霞，主编. 幼儿园一日生活环节的组织策略 [M]. 北京：中国轻工业出版社，2012：1.

[5] 徐莹莹.从"消费"儿童到"生产"儿童:幼儿园"六一"庆祝活动转变的社会学分析[J].当代学前教育,2009(4):43-44.

[6] 张伟文.幼儿园种植园地的"活管理"[J].少年儿童研究,2011(12):16-17.

[7] 赵军海.洗手间成为幼儿活动"后台"的原因探析[J].幼儿教育,2006(9):22-24.

[8] 朱冰.带领孩子走向自然,走向社会:陶行知"社会即学校"教育思想的实践活动[J].新时代的脚步声,2002(2):25-26.

第八章 打造魅力班级教学活动的策略

班级教学活动的计划性、目标性、系统性及指导性,使之成为目前我国幼儿园中普遍采用的一种活动类型。那么如何让班级教学活动焕发活力呢?

策略57 教师的热情带动

 **案例8-1 有吸引力的故事**

大(2)班的幼儿在教师的带领下,参与班级教学活动"小兔的想法"。教师先在柔和的音乐背景下声情并茂地讲述故事《逃家小兔》。听着教师的讲述,孩子们微张着嘴巴,面带微笑,沉浸在故事的美妙中。当故事讲完后,教师微微一笑:"小兔变成了什么?而兔妈妈又变成了什么?"话音刚落,孩子们纷纷踊跃发言……

在上述案例活动中，幼儿之所以被吸引，主要是因为教师的热情所致。幼儿与成人不同，他们的情绪往往更外显，更容易受到教育者的感染。可见，幼儿园教学活动的魅力离不开教师的热情带动。

什么是热情？《中国百科全书》中是这样解释的：热情指人参与活动或对待别人所表现出来的热烈、积极、主动、友好的情感或态度。可以说，热情是教师从事教育职业的内驱力，也是教师组织教学活动的基本要求。那么，教师该如何以热情带动幼儿的学习，使班级教学活动焕发活力呢？

1. 教师在活动中表现出饱满的精神状态

可以说，一个热情的教师在活动中总是比平时更富有神采，精神饱满。教师的精神状态一方面能感染幼儿；另一方面能让幼儿感觉到教师对教学内容很感兴趣。

2. 教师在活动中表现出充足的自信心

有自信心的教师，往往更能带出一群有自信心的幼儿，而自信的教师，往往也能更沉稳地演绎教学内容，使活动开展得更生动。

3. 教师生动及丰富的表情

一般来说，在活动开始时，教师往往会以微笑切入活动，但随着活动的开展，教师会随着活动情景的变化隐去微笑，代之以丰富而生动的表情，或惊喜，或惊讶，或难过，或悲伤等。可以说，教师生动而丰富的表情不仅有利于幼儿把注意力集中在教学活动上，也有利于通过教师的表情帮助幼儿理解教学内容，激发幼儿对所学内容的兴趣。

第八章 打造魅力班级教学活动的策略

4. 教师在活动中恰当而夸张的肢体动作

在教学活动中，教师的肢体动作往往兼顾了恰当性及夸张性。教师不会做出过多而琐碎的动作，以避免分散幼儿的注意力。但是，在很多时候，夸张的肢体动作往往能帮助幼儿更好地理解教学内容，激发幼儿对活动的兴趣。如在讲述故事《拔萝卜》时，讲到"老爷爷使劲拔，就是拔不动"，老师辅以夸张的使劲拔萝卜的动作，不仅引发了幼儿的欢笑，也更好地帮助幼儿理解了老爷爷拔萝卜的力度。

5. 教师在活动中富有感染力的语言

教学活动离不开教师语言上的引导及讲解、讲述等。一个热情的教师，往往会使用富有感染力的语言去感染幼儿。在教学活动中，教师的语言随着教学活动情景的变化体现出抑扬顿挫的变化，甚至是通过语调的压低表现出神秘感等。教师富有感染力的语言可以让幼儿沉浸在愉悦的课堂教学气氛之中。

策略 58　使班级教学活动充满趣味性

 案例 8-2　小班体育活动"蚂蚁搬豆"

【活动目标】

1. 能手膝着地自然协调地向前爬、倒退爬、背物爬，熟练掌握"爬"的动作要领。

2. 初步掌握控制身体的一些部位完成简单动作的技能，活动时能注意不与他人碰撞，提高动作的协调性和灵活性，发展身体机能。

3. 愿意和同伴共同参加"爬"的活动，体验集体活动的快乐。

【活动准备】

1. 知识准备：幼儿已较熟悉关于"蚂蚁"的一些简单常识。

2. 材料准备：小蚂蚁头饰，沙包制成的红、绿小粮袋，体操垫等若干；红、绿篮子各1个；背景音乐等。

【活动流程】

1. 热身活动。

教师以游戏的口吻带领幼儿开展准备运动。

2. 练习各种不同方式的爬。

（1）自由爬。

师：孩子们，让我们去散步吧！今天天气真晴朗，小小蚂蚁真高兴，跟着妈妈去散步。手膝着地慢慢爬，一步一步要爬稳！（教师边念儿歌，边带领幼儿自由爬行，提醒幼儿不要相互碰撞）

（2）有序爬。

师：宝宝们，前面有一座小桥，让我们爬过去吧！但是小桥很窄，大家不能一起爬过去，怎么办呢？（引导幼儿有序地爬过小桥）

（3）循声爬。

师：看，这是一片绿绿的草地，让我们来玩捉迷藏吧！请小朋友们拉下头饰蒙上双眼，仔细听声音去找妈妈。（幼儿蒙上眼睛，循声爬）

3. 游戏：巧避大熊。

（1）尝试倒退爬。

（2）巩固倒退爬。

第八章 打造魅力班级教学活动的策略

在游戏中,前方响起声音,"蚂蚁宝宝"和"妈妈"一起往前爬,发现是大熊,赶紧悄悄往后爬回去。

4. 游戏:蚂蚁搬豆。

(1) 找"豆"。

师:孩子们,冬天就要到了,我们大家一起寻找粮食准备过冬吧!(引导幼儿寻找场地一头用沙包制成的红、绿两种颜色的"豆")

(2) 运"豆"。

5. 放松练习,结束活动。

师:这么多的粮食,足够我们吃上整整一个冬天了!运完粮食大家也累了,让我们放松一下吧!

小(5)班的幼儿在黄老师的带领下,开展了这一体育教学活动。傍晚,又到了离园时间。小颜跟着妈妈离开教室,但是她还舍不得回家。来到草地上,小颜兴奋地对妈妈说:"妈妈,今天黄老师带我们玩了很好玩的游戏!我做给你看!"话刚说完,小颜就在草地上爬来爬去,不时地回头:"妈妈,看到了吗?好玩吧?"爬了好久,在妈妈的催促下,小颜终于站起来,遗憾地感叹道:"不知道黄老师什么时候再带我们玩这个游戏。"

黄老师使用上述教案组织了一次班级体育教学活动。提起集体教学活动,人们往往想到的是教师的控制与幼儿的被迫参与。但是,在上述案例中,幼儿不是被迫参与,而是乐在其中,甚至是发出遗憾的感叹:"不知道黄老师什么时候再带我们玩这个游戏。"可见,该活动对幼儿而言是充满魅力的,其魅力主要来源于活动的趣味性。

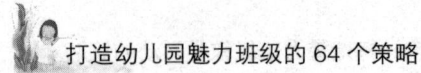

1. 把活动设计成充满趣味性的游戏

该教师使用的这一教案,在设计上充满了童趣,使得这次体育教学活动成为一次有情节的游戏。由于活动设计的趣味性,该活动给幼儿的感受是在玩,而不是在上课,以至于活动结束后幼儿的兴趣还没有消失,他们甚至希望还有机会玩这个游戏。

可见,要打造充满魅力的班级教学活动,首先要在活动设计上下功夫,依据幼儿爱玩的天性,把教学活动设计成幼儿感兴趣的游戏。在活动中,幼儿不是反复地重复单一的游戏,而是不断遇到惊喜和惊奇。如在上述案例中,"小蚂蚁"们爬过草地,爬过小河,遇到大熊,然后外出觅食等,游戏围绕着教学活动目标,层层递进,让幼儿不断地面临一次又一次惊奇的场景。

2. 教学活动选材有趣

选择有趣的教学材料,不仅能充分挖掘教材的价值,而且能激发幼儿对教学活动的兴趣。因此,在选择教学材料时,可以选择幼儿感兴趣的植物、动物、水等内容,这些材料不仅有趣,而且贴近幼儿的生活。

3. 用游戏的口吻组织活动

在教学活动中,教师用游戏的口吻组织活动,在一定程度上也有利于幼儿感受到活动组织的趣味性。如在上述案例中,教师用蚂蚁妈妈的口吻带领幼儿参与活动,游戏化的语言辅以丰富适宜的肢体动作,提升了幼儿的探究欲和专注度。

第八章 打造魅力班级教学活动的策略

4. 在活动中穿插游戏

很多时候，由于条件的限制，教师很难把教学活动设计成一个完整的有趣的游戏，那么，可以在活动中穿插一个个小游戏，如在中班体育教学活动"侧面钻"中穿插"钻山洞"的游戏，在语言活动"拔萝卜"中穿插表演游戏"拔萝卜"。

策略 59 技巧性地满足班级教学活动中幼儿的交往需要

 **案例 8-3 谁让你们说话的**

小（3）班正在进行语言教学活动"秋叶"。教师展示秋天的图片，请幼儿欣赏秋天的美丽后，开始朗诵诗歌《秋叶》。诗歌朗诵结束后，老师提问："小朋友们，诗歌中的小树叶飘到了哪里？"这时，小乐说道："飘到了草地上！"老师看了一眼小乐，没理会小乐，而是请诺诺回答了这一问题。

理解了诗歌后，教师接着追问："小树叶除了飘到我们的身上，还会飘到什么地方？"这时，小郭和小旭在一旁讨论起来，老师看到了，瞪了他们一眼："谁让你们说话的？"

随着研究的深入，人们已经认识到交往是幼儿主体性发展的内在需要。幼儿园集体教学活动是幼儿园教学活动中的重要组成部分，是幼儿获得知识技能、培养良好情绪情感及社会化的过程，同时也是师幼互动发生的重要场景。在集体教学活动中，幼儿交往的需要是否得到满足，直接决定了教学活动是否具有活力。

在上述案例中，小乐主动与教师互动时，被教师忽略了，因为小乐的回答不是教师想要的答案。而在活动的后半段，小郭和小旭在教师提出新问题后，发起了两人之间的互动，也被教师严肃地制止了。在这样的教学活动中，幼儿与教师之间的交往需要、幼儿同伴之间的交往需要均得不到满足，试想，这样的教学活动又如何会得到幼儿的青睐？因此，在班级教学活动中，教师要能引导幼儿与幼儿进行交往，关注幼儿与教师的交往需要。

1. 主动回应教学活动中幼儿的互动要求

有智慧的教师能灵活地回应教学活动中幼儿的互动要求，而不会因为幼儿的互动不在自己的预料范围之内就敷衍了事，甚至是装作看不见。教师的及时回应能够让幼儿感受到教师对自己的尊重与爱。人们常说"亲其师而信其道"，的确，幼儿在教学活动中交往需要的满足有利于他们接纳教师，进而接纳教师组织的教学活动。

在班级教学活动中，幼儿主动发起互动的原因可能是多样的，一般来说，主要有寻求教师的帮助、告状、请求、发表自己的看法等。对于不同的互动，教师应及时给予不同的回应，满足幼儿的需要。

- 对于寻求指导与帮助而发起的师幼互动，即幼儿在教学活动中遇到困难或麻烦而向教师请求指导和帮助时，教师要微笑着肯定幼儿的努力。在确保幼儿通过自己的努力无法解决问题时，教师应参与幼儿的活动，用间接指导的方式给予幼儿适当的指导。
- 对于为了告状而发起的师幼互动，要试着把问题抛给幼儿，引导幼

第八章　打造魅力班级教学活动的策略

儿尝试解决问题的方法。如幼儿告状："老师，××上课拉别人的衣服。"教师先是肯定地回答："你是个细心观察的孩子，那除了告诉老师，你有别的办法帮助他吗？"在把问题抛回给幼儿的同时，教师也让幼儿感受到老师对自己行为的认可及对自身能力的信任。

- 对于因为请求而发起的师幼互动，教师应温和地给予帮助，让幼儿明白，不管遇到什么困难，都可以大胆地向老师求助，老师永远都会无条件地帮助他们。

- 对于纯粹是发表个人见解而发起的互动，教师应给予及时的肯定。如幼儿说"老师，画完小鱼，可以画上一些水草"，对于这种敢于在教学活动中发表个人见解而主动发起的互动，教师不应因为幼儿发起的互动不在自己的预料之中而装作听不见，而是应该向幼儿竖起大拇指，或者给予一个肯定的微笑，或者简单地给予肯定："谢谢你，你的提议很有创意。"这能让幼儿感受到教学活动过程中自我价值的体现，感受到活动的快乐。

- 询问型的互动，如幼儿问"老师，等会儿要做什么"，说明幼儿有可能没有听清楚教师提出的要求，此时不要急着指责幼儿，而要用清晰的语言再提一次要求，不要给幼儿带来任何恐慌。

2. 在活动中鼓励幼儿同伴间的互动

良好的同伴间的互动，可以让幼儿在集体中感受到温暖，心情愉快，形成安全感、信赖感。因此，在班级教学活动中，教师要鼓励幼儿同伴间的互动，创造条件让幼儿能与同伴互动。良好的互动能让幼儿沉浸在与同伴交往的快乐氛围中，师幼在这种氛围中也较容易产生心灵的碰撞，从而满足幼儿对情感的需要。

3. 主动发起与内向幼儿的互动

在日常教学活动中,我们不难发现教师的互动对象具有差异性,在不知不觉间,教师与活跃幼儿的互动往往较多,而与那些较为内向的幼儿互动往往较少。长此以往,往往会导致内向幼儿在教学活动中的交往需要得不到满足。

因此,对那些较为内向、不会主动与教师互动的幼儿,教师要做到心中有数,在教学活动中主动发起与他们的交往。在教学活动前,把这些幼儿安排在较为活跃的幼儿群体中,也有利于增加他们与同伴交往的机会。

策略60 多方面地满足幼儿的成就感需要

成就感是指人做事时力求取得成功,并为取得的成绩感到愉快的一种情绪体验。可以说,成就感使幼儿产生一种驱使其主动行动,克服活动中的困难并坚持下去,直到取得满意的活动成果的强大的内部动力,这样的内部动力有利于激起幼儿参加相关活动的积极性。因此,为了突出教学活动的魅力,教师要满足幼儿在活动中的成就感需要。

1. 有针对性地投放材料,确保每一个幼儿都能获得成功

在教学活动中,由于幼儿能力的差异性,幼儿成就感的体验也存在着差异性。因此,教师为教学活动提供学习材料时应考虑到幼儿的个别差异性,突出材料投放的针对性,如在练习助跑跨跳时,给幼儿布置弯弯曲曲的"小河",在幼儿练习测量时,给幼儿提供各种难度的测量工具……

2. 及时支持幼儿的"冒险"行为，满足其挑战性需要

 案例8-4 有吸引力的难度

一男教师正在组织幼儿进行体育教学活动"有趣的魔板"。不久，教师让幼儿把手中的魔板（一面是红色的，一面是蓝色的）摆放在地面上，在上面练习走、跑、跳等。过了一会儿，几个男孩百无聊赖地到处走动，东张西望。于是，这位男教师在幼儿跑的必经之路上摆上两条高高的长条凳，这一举动马上吸引了幼儿的注意力，他们开始在长凳上尝试着各种动作。之后，教师在长凳上又架上一条长凳……最后，教师在重叠的两条长凳上又架上一条长凳，引起了围观女教师的一阵惊呼声。但是，刚才还在东张西望的那几个幼儿已经在架高的长凳上小心翼翼地走着。

在上述案例中，小部分幼儿已经开始东张西望，说明活动对他们而言已经没有了难度上的挑战。但是，当教师增加活动难度，给他们带来挑战的机会时，这些幼儿立即重燃起对活动的积极性与参与性。的确，在班级教学活动中，我们经常看到一些幼儿做出一些"冒险行为"，如在平衡木上跑、跳，冒着可能毁坏画作的危险，把画好的画剪成花朵形状，等等。幼儿的这些行为说明他们对活动的现状不满足，希望能进一步挑战自己的能力。因此，面对幼儿的"冒险"行为时，教师不宜斥责幼儿，而应给予及时的支持和鼓励。幼儿"冒险"成功带来的是更多的成就感与自豪感。

3. 教师适当示弱，把自主权交给幼儿，满足幼儿的成就需要

案例 8-5　谁来教教我

在小班体育教学活动"爬行"中，教师带领幼儿往各个方向爬行后，教师愁眉苦脸地说道："前几天，我看到有几只小蚂蚁会手脚往后爬，我学了很久，就是没有学会。宝宝们，你们会吗？能教教我吗？"话刚说完，幼儿马上兴致勃勃地开始尝试向后爬……

在上述案例中，教师"示弱"，让幼儿来教教自己，这一决定马上引发了幼儿兴致勃勃的探索。的确，在幼儿心目中，教师往往是万能的，当他们发现原来教师也有"不行"的事情时候，他们的探索欲望马上提高了，而探索后所获得的成就感无疑是巨大的。因此，教师适当地"示弱"在一定程度上也有利于幼儿成就感的增强。

4. 教师对幼儿的学习过程给予及时有效的反馈

案例 8-6　无效的反馈

中班幼儿正在教师的带领下进行体育教学活动"跑、跑、跑"。第一轮练习结束后，教师说道："你们都很棒，再来一次！"教师即组织幼儿重新站队，开始了下一轮的练习。第二次练习后，教师还是说："很棒！再来一次！"如此反复练习。但几轮练习结束后，部分幼儿已开始在队伍后面乱晃了……

心理学的研究已经证实：反馈的时间及质量均能影响幼儿动作技能练习的效果。练习效果的提高有利于幼儿的自我肯定，有利于他们体验成就感。但是，在上述案例中，幼儿练习后，教师的反馈仅仅是"很棒，再来一次！"，这样的反馈很笼统，幼儿根本不知道自己到底哪里做得好。这样的反馈一笔带过，教师没有针对幼儿动作练习的不足及优点进行点评。正因为如此，幼儿在下次的练习中无法有针对性地改进动作、提高练习效果，这也不利于幼儿明确自身的优点是什么，无法激起幼儿的成就感。

因此，在班级教学活动中，教师对幼儿的学习过程要给予及时而有效的反馈，如"你说得很清楚"、"虽然没有跳过这条'小河'，但是你很勇敢"、"虽然没有画完画，但是你画画的时候很认真"……

5. 用欣赏的眼光评价幼儿的活动结果

用欣赏的眼光看待幼儿的活动结果，也有利于幼儿成就感的获得。如：

- "你涂色很均匀，线条画得很流畅。"
- "你捏的小乌龟造型很特别。"
- "你续编的故事很有自己的想法。"
- "你跑步的动作很标准。"
- "你的故事讲得很完整。"
- "你的回答很清晰，也很完整。"

……

的确，与成人相比，幼儿完成任务的结果肯定是不完美的。若用成人的标准来评价幼儿的作品，只会打击幼儿的学习积极性。因此，教师要善于用欣赏的眼光找出幼儿活动结果中的闪光点并给予肯定。

策略61 顺应幼儿爱表现的需要

在班级教学活动过程中，幼儿的"捣乱"行为很多时候都和自我的需要无法得到满足直接有关，尤其是自我表现的需要没有得到满足。如，在教学活动中，幼儿由于自我表现的需要没有得到满足而打断别人的话，因为他自己也想说；幼儿不会安静地等待，是因为他也想亲自上场表现；幼儿在班级教学活动中无法逐渐转入安静状态，是因为他想说的话还没有说完……因此，在班级教学活动中，教师应关注所有幼儿的自我表现需要。

1. 尽可能地面向不同的幼儿提问

案例8-7　老师，我会

大班正在进行语言教学活动"逃家小兔"，教师提出了问题："小兔变成了什么？兔妈妈又变成了什么？"小朋友们纷纷举手，教师扫视了一圈："果果，你来说。"在小朋友们羡慕的眼光中，果果站了起来……

到了活动的后半段，教师提出新问题："如果你是小兔，你会变成什么？你认为兔妈妈又会变成什么？"还是有很多小朋友举手，教师看了看，发现果果没有举手，教师顿了一下说道："果果，你来回答。"这时，东东喊道："老师，我会！"教师没有理睬东东……

在上述案例中，教师之所以一直请果果来回答问题，主要是因为教师觉得果果的回答会是自己期待中的答案，因此，在第二次提问时，即使果果没有举手，教师也直接忽略了东东的喊声，还是请了果果来回答。教师这样的行为无疑会打击其他幼儿的积极性。

教师在提问时不仅要面对所有的幼儿提问，也应该尽可能地请不同的幼儿来回答问题，争取让更多的幼儿得到表现的机会。

2. 尽可能提供所有幼儿都能参与的机会

教师在提问时，应尽可能既有面向个别幼儿的提问，也有面向全体幼儿的提问。在回答问题时，若能让全班幼儿集体回答，则没必要单独请个别幼儿回答，这样能增加幼儿表现的机会。此外，在教学活动中，尽量安排所有幼儿都能参与的操作环节等，也能确保每个幼儿都有自我表现的机会。

3. 把活动自主权下放给幼儿，提供幼儿自我表现的平台

案例 8-8　自己做主

教师组织幼儿玩游戏"摸摸×××跑回来"，即听信号向各个方向跑，教师不停地变换信号，如摸摸大树跑回来、摸摸城堡跑回来等。过了不久，有部分幼儿已经开始在四处张望了……看到这一点，教师马上做出调整。教师说道："现在，你们自己决定信号，你们把信号定好后告诉老师，我们再来玩游戏。"出乎意料的是，幼儿每次练习结束后，都急切地讨论下一轮的信号……

在上述案例中，教师让幼儿自己定信号，即使是反复练习，幼儿也极为投入，每次练习结束后，他们都急切地讨论下一轮的信号……幼儿之所以如此投入，可能受了多方面因素的影响，但教师把自主权交还给幼儿无

疑也是主要影响因素之一。因此,为增加班级教学活动的魅力,教师在教学活动中可以尝试增加幼儿自主活动的机会。

策略62 解除班级教学活动中不合理的常规

班级教学活动中的常规指的是幼儿在班级教学活动中应遵守的规则,这有利于幼儿养成良好的学习习惯。但是,在日常的班级教学活动中,往往由于不必要甚至是苛刻的教学活动常规而导致幼儿对教学活动失去兴趣。

案例8-9 谁让你们说话的

教师在给小班幼儿讲述故事《拔萝卜》时,当讲到"嘿哟嘿哟,拔不动"时,很多幼儿手舞足蹈地模仿教师的动作,嘴里不时发出"嘿哟嘿哟"的模仿声。教师随即沉下脸来:"谁让你们说话的?安静!"在教师的训斥声中,孩子们讪讪地坐下,不再说话。

在上述案例中,教师之所以训斥幼儿,是因为幼儿在教师讲述故事时模仿教师的声音。但是,教师没有注意到幼儿此举背后的原因,这是因为幼儿对故事感兴趣,也是幼儿好模仿的天性使然。教师把大量的时间放在制止不被自己认同的"违规行为"上,势必会引发幼儿的反感和抵触心理。

因此,教师应该注意以下几个方面:

第八章 打造魅力班级教学活动的策略

1. 注意班级教学活动常规的合理性

以下是一较为合理的班级教学活动常规：

- 在集体教学活动时逐渐转入安静状态，喜欢参加集体教学活动。
- 在教师的指导启发下，能积极思考，大胆想象，能用适中的音量大方地表达自己的想法，逐渐养成动脑、动手和手脑并用的习惯，能坚持完成活动任务。
- 坐姿自然端正，学会安静地倾听、等待，不随意打断别人的讲话。
- 逐步树立合作意识，愿意和同伴一起，商量解决活动中遇到的问题，共同完成学习任务。
- 未经允许，不随意摆弄桌面上的学具、学习用品。

但是，在教学活动中，为了便于教师的管理，教师往往制定了一些不合理的常规要求。

2. 关注不合理的教学活动常规

以下是一些不合理的班级教学活动常规：

- 在教学活动中不可以插嘴。在很多教师看来，课堂是非常严肃的，在教学活动中不应有任何的杂音。因此，教师坚决不允许幼儿在教学活动中插话。这一要求看似合理，但是，在教学活动中允许幼儿插嘴，允许幼儿发表自己的看法，这样的"纵容"不仅有利于师幼之间良好互动关系的建立，更有利于幼儿自主性的体现。
- 在教学活动中，幼儿的手要放在膝盖上，或双手摆放在课桌上。教师如此要求是为了避免幼儿乱动，但是，一直把手放在膝盖上或把双手摆放在课桌上，对幼儿而言，无疑是一种负担。

- 不举手，不能发言。幼儿是否要举手发言，不能作为一个硬性的规定，而应视实际情况而定。若幼儿的发言不影响其他人，可以不举手，若大家都争着发言，影响了教学活动的开展，则可以请幼儿举手发言，不应提出"一刀切"的要求。
- 在教学活动中，不可以进出教室，即使是上厕所也不行。

这些不合理的常规要求，不仅让幼儿在教学活动中束手束脚，更容易使他们产生对教学活动的逆反心理。

策略63 关注弱势幼儿的需要

案例8-10 让我们一起来

在体育教学活动"助跑跨跳"中，教师先让幼儿自己尝试如何助跑跨跳过"小河"。轮到静静了，她往前跑了几步，又返回起跑线。后面的孩子推了推她，静静又往前慢跑了几步，可是，随即又返回队伍中。教师看到了，跑到静静的身边："静静，和老师一起试试，好吗？"于是，教师陪着静静，往前跑动，然后跨跳过"小河"。然而，由于不会用力蹬地，静静没有跳过去。老师摸了摸静静的头，笑了："静静，你很勇敢，再来试试，相信你会跳过去的。"在教师肯定的眼光中，静静面带笑容，回到队伍中继续她的尝试。

弱势幼儿，是指在托幼机构中经常居于被动的、次要的弱势地位，不能从环境中获得充分发展机会的幼儿。在上述案例中，很明显，静静是个"弱势幼儿",她可能是由于自身的运动技能不是很强,所以自信心不足。当轮到她练习时,她犹豫地返回。教师关注到她的这一反常行为后,并没有催她往前跨跳,而是来到她身边,陪着她一起尝试,并给予及时的鼓励——"你很勇敢",接着提出建议"再来试试,相信你会跳过去的"。之后,从静静面带笑容地继续练习中不难发现,静静对之后的练习是充满向往的。可以说,正是教师对弱势幼儿的及时关注,满足了弱势幼儿的需要,才能让其对活动充满期待。教师怎样才能关注弱势幼儿的需要,并及时给予满足呢?

1. 教师心中有数,了解班级弱势幼儿的现状

一个教师面对班级几十个幼儿,在日常的观察过程中,应识别出哪些幼儿属于弱势幼儿,以便在日后的活动、教学中有针对性地进行引导。一般来说,弱势幼儿往往具有明显的外部行为表现,如,在集体教学活动中常常因为听不明白教师的要求而不会操作;教师提问时从不主动回答问题;不太愿意和其他小朋友一起活动,等等。关注到这些幼儿后,教师应该和班级的其他教师一起协商,做到每位教师都能心中有数。

2. 给予弱势幼儿不同的评价标准

若对全班幼儿使用标准化的评价指标,只会导致弱势幼儿得到较低的评价。而教师的评价会引起幼儿直接的情绪体验。对幼儿而言,教师的评价是进行自我评价的主要参考,若教师给予其过低的评价,往往会使幼儿对自己失去信心,易产生自卑心理。而且,教师对幼儿的评价也会导致其他幼儿以教师的评价来评价该幼儿的能力,导致其他幼儿嘲笑得到较低评价的幼儿。

在教学活动中，对于能力不同的幼儿，教师应该允许他们的答案有所差别，因为每个幼儿都是不同的个体。

3. 以耐心消除弱势幼儿的紧张感

案例8-11　没关系，再想想

在教学活动"我是环保小卫士"中，教师提问："我们有什么办法可以减少周围的环境污染行为？"教师刚问完，幼儿便纷纷举手。这时，教师看到小刚居然也举手了，这让教师觉得有些意外，因为小刚平时不太爱说话，很少主动回答问题。于是，教师果断地请小刚回答。没想到，小刚站起来后，居然涨红了脸，什么话也没说。教师愣了一下，随即摸摸小刚的头说："你很勇敢，还没想好是吗？没关系，再想想，等会儿我再请你来回答。"于是，教师请了小范来回答这一问题。小范回答后，教师来到小刚的跟前："小刚，你想好了吗？"小刚点点头，教师继续说道："那请你也来回答，好吗？"小刚在教师的鼓励下，断断续续把自己的观点说完。教师笑了："小刚真棒，他想的办法的确很好！我们一起给他鼓鼓掌！"在小朋友们的掌声中，小刚安心地坐下了。

在上述案例中，由于急于表现，小刚也举手要发言，但教师请了他之后，才发现他什么话也说不出。教师没有生气，更没有训斥小刚，只是温和地肯定他——"你很勇敢"，再给他一个台阶："还没想好是吗？没关系，再想想，等会儿我再请你来回答。"教师没有忘记自己说的话，她先请另一个幼儿来回答问题，不仅给了小刚思考的时间，同时也给了小刚示范，

第八章 打造魅力班级教学活动的策略

小刚可以从其他小朋友的回答中得到启发。最后,教师再次请小刚回答问题,并请全班幼儿一起给予他掌声鼓励。可以说,正是在教师的耐心等待下,小刚才能体验到成就感与自豪感。

因此,教师在班级教学活动中要注意以下几点:

- 当弱势幼儿无法回答教师的提问时,不妨延后提问,让幼儿有再思考的时间。
- 不使用带有命令性的语言与弱势幼儿交流,如"不准"、"不能"、"不可以"、"不要"、"要"等很少有商量余地的词语。这种命令性的语言容易让幼儿紧张焦虑。
- 不使用带有催促性的词语与弱势幼儿进行交流,如"快点"、"跟上"、"马上"等。这些带有强烈催促性的语言会使幼儿不敢等待,经常处于一种被催促的状态中而过于紧张。
- 不使用过于简练的语言。在教学活动中,为了节省时间,教师往往会使用过于简练的语言。但是,弱势幼儿的理解速度可能不是很快,这种过于简练化的语言导致他们难以快速地理解教师的语言并及时地做出反应,易打击他们对活动的信心。

总之,教师应该明确地意识到,每个幼儿都是不同的个体,每个幼儿自身发展的速度均有所差别,每个幼儿的优势也不全然相同,在集体教学活动中亦然。作为教师,应当学会耐心等待,允许幼儿理解及掌握知识点的速度不一致,给予幼儿足够的时间,等待弱势幼儿进行理解及反应。

4. 家园合作，减轻弱势幼儿的心理负担

 **案例 8-12　你怎么就是比别人差**

又到了离园时间，教师在家长园地张贴出当天所学的英语单词。家长们来接孩子后，一个男孩的父亲看了看，对着孩子问道："你们今天教了新的单词，你会了吗？"这个小男孩看看父亲，摇摇头。于是，父亲拉过孩子就骂："每次学习英语，就你掌握的词汇少、会的句子少，你看别人都会用英语讲故事、进行情景表演了！"

我们经常看到与上述案例类似的情景，本来幼儿已经在集体教学活动中得不到教师的表扬，甚至为此感到郁闷、不安，而在家长面前非但得不到家长的理解与安慰，反而受到指责，这无形中加重了他们的消极情绪体验，导致幼儿对集体教学活动不感兴趣。

因此，教师要善于利用家园合作，减轻弱势幼儿的心理负担。首先，教师要正确地给予家长反馈，避免给"弱势幼儿"的家长错误的认识——我的孩子能力差，比别人差。其次，要做好家长工作，引导这些"弱势幼儿"的家长正确地看待孩子的现状，正确评价自己的孩子，关注孩子在集体教学活动中的消极情绪感受，能用倾听等方式鼓励孩子排解这些心理上的压力。

策略64 顺应幼儿的特点，使其学得轻松

 **案例8-13 大班科学活动"滚动"**

今天，大（1）班的小朋友在教师的带领下，开展科学活动"滚动"。孩子们摆弄着老师提供的各种材料，如皮球、长方形的盒子、圆锥形的物体等。一开始，他们兴致勃勃地把这些物体往前推出，看看哪些物体会滚动、哪些物体不会滚动，并在记录纸上进行记录。然后，幼儿又再一次摆弄会滚动的物体，看看不同形状的物体滚动的轨迹……

教师在巡回指导时并没有太多的干预，因为孩子们都沉浸在实验中，无暇顾及教师。

在上述案例中，幼儿沉浸在活动中，兴致勃勃地进行各种尝试，主要是因为活动采用真实的材料，幼儿在真实的情景中，采用"做中学"的方式进行学习，教学符合幼儿学习的特点。

1. 利用幼儿感兴趣的真实物品，激发其学习兴趣

幼儿的认识活动受到兴趣和需求的直接影响，他们会以极大的热情积极主动地探索和认识他们感兴趣、感到好奇和对其有需求的事物。但是，真实的物品更容易刺激幼儿探索的积极性。因此，在上述案例中，教师使用幼儿生活中的真实物品引发了幼儿的探索欲望。球形物品的滚动是幼儿常见的，但是，圆柱形物品、圆锥形物品等的滚动对幼儿而言是较为陌

生而具挑战性的，因此，教师提供了真实的生活用品，让孩子亲自感知、体验。

2. 利用幼儿感兴趣的真实情景，激发其学习兴趣

幼儿的学习以直接经验为基础，在一定的情景中，他们通过与人和物的相互作用，使原有的直接经验与现实的直接感受和体验产生相互作用，构建起真正内化的新的知识经验。因此，在组织集体教学活动时，教师宜为幼儿提供其感兴趣的真实情景。如在中班集体教学活动"有趣的磁铁"中，教师以如何找到掉落在杂物堆中的针为问题情境，让幼儿拓展思维，探索怎样用自己的方法把针找出来。这样的问题情境，孩子们完全有可能在生活中遇到，因此可以充分调动他们的认知、生活经验来进行操作、探索。

3. 利用真实的操作，激发其学习兴趣

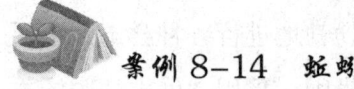

案例8-14　蚯蚓

为了组织"蚯蚓"这一活动，教师事先挖到很多蚯蚓，分别装在透明的矿泉水瓶子里。活动开始后，教师把装在瓶子里的蚯蚓分到各个组，让幼儿摆弄、观察蚯蚓，并说说蚯蚓的外形特征、生活习性等。当装有蚯蚓的瓶子被分到各组时，幼儿跃跃欲试，想把蚯蚓倒出来，被教师制止了。随着活动的开展，部分幼儿开始放下手中的瓶子，东张西望……

在上述案例中，幼儿之所以对活动失去了兴趣，主要原因在于自身动手机会的缺乏。表面上看，教师把装有蚯蚓的瓶子分到各个组，让幼儿操

作。但是，当幼儿想把蚯蚓倒出来时，受到了教师的制止，他们只能看着装在瓶子里的蚯蚓。这样的操作是一种"伪操作"，不仅不能激发幼儿的学习兴趣，反而会导致幼儿注意力的分散。因此，教师宜保障幼儿真实的操作，确保幼儿在活动的操作过程中获得直接经验的体验。

本章参考文献

[1] 蔡伟忠. 跳出传统思维的幼儿园教师实用手册 [M]. 北京：农村读物出版社，2010：7.

[2] 黄华. "趣、真、谨、活"让孩子快乐学科学——浅谈幼儿园科学集体教学活动的优质化 [J]. 科学教育的实践与探索，2012（8）：263-268.

[3] 刘占兰. 要了解和尊重幼儿的学习特点 [J]. 北京：幼儿教育，2001（11）：5.

[4] 孔凡云. 幼儿园集体教学活动中师幼互动研究 [D]. 济南：山东师范大学，2011.

[5] 汪洵. 小班体育活动：蚂蚁搬豆 [J]. 教育导刊，2008（11）：42-43.

[6] 吴越. 幼儿园"弱势幼儿群体"的问题解决策略 [J]. 新课程，2011（10）：51.

万千教育 学前教育类书目

书号	书名	著、译者	定价(元)
幼儿园家长工作指导			
2345	幼儿成长揭秘——常见问题分析与家园共育策略	王普华 等 著	48.00
1934	幼儿教师与家长沟通之道（第二版）	晏 红 著	46.00
364	幼儿园家长工作技能与艺术	莫源秋 编著	45.00
806	破解家园沟通的44个难题	胡剑红 主编	35.00
9610	幼儿教师的家长工作技巧	张春炬 主编	34.00
9592	幼儿园家长开放日活动设计与实践指导	卢筱红 主编	25.00
9322	幼儿园家庭教育指导形式与方法	晏 红 著	34.00
幼儿园家长工作指导合计			267.00
幼儿园教师教育技能与活动指导			
2096	让幼儿都爱听你说（第二版）	马希武 等 译	36.00
1707	有力的师幼互动	王连江 译	36.00
9903	幼儿教师与幼儿有效互动策略	莫源秋 等 编著	35.00
1197	幼儿教育中的心理效应	莫源秋 等 编著	32.00

9950	让幼儿都爱听你说 ——幼儿教师说话的艺术	马希武 等译	20.00
8953	幼儿教师实用教育教学技能	莫源秋 等著	30.00
784	幼儿教师必须掌握的教育技巧	莫源秋 著	35.00
193	跟蒙台梭利学做快乐的幼儿教师	刘文 主编	58.00
7511	做幼儿喜爱的魅力教师	莫源秋 著	25.00
7303	老师,你在听吗? ——幼儿教育活动中的师幼对话	汪寒鹭 等译	28.00
幼儿园教师教育技能与活动指导合计			**335.00**

幼儿心理与发展指导

2205	幼儿行为管理的方法与策略	莫源秋 著	46.00
1779	幼儿情绪管理的方法与策略	莫源秋 著	48.00
9496	透视幼儿心理世界 ——给幼儿教师和家长的心理学建议	冯夏婷 主编	36.00
0783	透视0—3岁婴幼儿心理世界 ——给教师和家长的心理学建议	冯夏婷 主编	38.00
0183	幼儿常见心理行为问题:诊断与教育	莫源秋 著	38.00
6608	幼儿心理健康教育	刘文 编著	25.00
幼儿心理与发展指导合计			**231.00**

幼儿行为观察与应对指导

2308	0—8岁儿童纪律教育 ——给教师和家长的心理学建议(第七版)	蔡菡 译	72.00
9138	幼儿行为的观察与记录(第五版)	马燕 等译	32.00
2045	幼儿问题行为的识别与应对 ——给家长的心理学建议(第二版)	冯夏婷 主编	58.00

7797	幼儿问题行为的识别与应对（教师篇）（第6版）	王玲艳 等 译	38.00
1262	幼儿活动档案记录与解读（第二版）	马 燕 等 译	46.00
幼儿行为观察与应对指导合计			246.00
幼儿园教师教学技能与活动指导			
2253	理解儿童心理从绘画开始（全彩）	陈 侃 著	38.00
0760	幼儿园备课·说课·听课·评课	俞春晓 等 著	42.00
8598	幼儿园集体教学活动设计方法与实例	俞春晓 著	28.00
9499	幼儿教师必须修炼的10项教学技能	俞春晓 著	25.00
9454	幼儿园教学诊断技巧与对策58例	王春燕 等 著	38.00
1799	幼儿园电影主题活动创意设计（全彩）	王微丽 等 主编	72.00
9612	幼儿园综合主题活动——设计技巧与优秀案例	赵旭莹 等 主编	42.00
1235	幼儿园绘本美术活动创意设计（全彩）	郭莉萍 赵福云 主编	68.00
9323	幼儿园美术活动创意设计（全彩）	罗 梅 赵福云 主编	56.00
0180	给幼儿教师和家长的81条美术教育建议（全彩）	李力加 著	62.00
9150	幼儿园节日活动精彩设计方案	刘洪霞 主编	35.00
9590	幼儿园语言活动创新设计	郭咏梅 著	32.00
0157	幼儿园优秀语言活动设计70例	郭咏梅 主编	26.00
0453	幼儿园优秀体育活动设计99例	朱 清 侯金萍 主编	45.00
9892	幼儿园优秀美术活动设计99例（全彩）	陈学群 余 晖 主编	58.00

9591	幼儿园优秀健康活动设计80例	范惠静 主编	38.00
9439	幼儿园优秀社会活动设计65例	伍香平 主编	25.00
9385	幼儿园优秀科学活动设计88例	董旭花 主编	35.00
9951	幼儿园科学探究故事20例	王明珠 主编	40.00
幼儿园教师教学技能与活动指导合计			**805.00**
幼儿园教师专业成长指导			
2113	做会沟通的幼儿教师	胡剑红 等 主编	38.00
2236	幼儿园文案撰写规范与技巧	刘敏 等 著	52.00
2311	幼儿园探究性环境创设（四色）	康丹 等 译	48.00
2056	小脑袋，大问题（四色）	孟晨 译	48.00
2309	破解幼儿园教师的90个工作难题	杜长娥 徐钧 主编	52.00
2112	幼儿园优质教研活动设计方案	朱清 等 著	38.00
1781	给青年幼儿教师的建议	吴邵萍 著	40.00
8470	答新手幼儿教师120问	刘洪霞 主编	28.00
1798	幼儿园新手教师指导手册	王芳 等 著	48.00
1783	从新手到骨干——幼儿教师专业成长故事	尹坚勤 编著	42.00
1780	幼儿教师追求幸福的方法	余胜兰 著	42.00

……
欲了解更多图书信息，请登录：www.wqedu.com
联系地址：北京市西城区三里河路6号院2号楼213室　万千教育
咨询电话：010-65181109，65262933
*本目录定价如有错误或变动，以实际出书为准。